U0599393

高职教育成本分担机制与预算拨款制度改革研究

田贞训　著

WUHAN UNIVERSITY PRESS
武汉大学出版社

图书在版编目(CIP)数据

高职教育成本分担机制与预算拨款制度改革研究/田贞训著. —武汉:武汉大学出版社,2017.8
　ISBN 978-7-307-19519-6

　Ⅰ.高…　Ⅱ.田…　Ⅲ.高等职业教育—教育成本—研究
Ⅳ.G718.5

中国版本图书馆 CIP 数据核字(2017)第 187605 号

责任编辑:王金龙　　责任校对:李孟潇　　版式设计:马　佳

出版发行:**武汉大学出版社**　(430072　武昌　珞珈山)
　　　　　(电子邮件:cbs22@whu.edu.cn　网址:www.wdp.com.cn)
印刷:虎彩印艺股份有限公司
开本:720×1000　1/16　印张:14　字数:202 千字　插页:1
版次:2017 年 8 月第 1 版　　2017 年 8 月第 1 次印刷
ISBN 978-7-307-19519-6　　定价:38.00 元

序　言

　　职业教育是一个国家经济社会发展的重要基础，是实现工业化与现代化的重要支柱，是提升综合国力和核心竞争力的重要措施和手段。可以说职业教育的成败，决定了国家经济发展的未来。纵观当今世界，发达国家都离不开成功的职业教育。未来经济无论怎样发达，社会所需的人才，大多数是高素质的职业技术人才。社会的发展给职业教育带来了机遇，同时也凸显出诸多问题。政府在职业教育成本分担中应扮演什么角色？如何界定企业在中国职业教育投入中的责任和义务？如何确定职业教育受益各方在教育成本分担中的份额？我国现阶段有无实行高职教育学费减免政策的条件？这些问题的解答将直接影响我国职业教育的发展。

　　加快发展现代职业教育，是党中央、国务院作出的重大战略部署，是产业转型升级、增强核心竞争力、提高人民群众就业创业和致富能力的必然选择。2014年6月，中共中央总书记习近平在全国职业教育工作会议上就加快职业教育发展作出重要指示。他强调，职业教育是国民教育体系和人力资源开发的重要组成部分，是广大青年打开通往成功成才大门的重要途径，肩负着培养多样化人才、传承技术技能、促进就业创业的重要职责，必须高度重视、加快发展。他要求各级党委和政府要把加快发展现代职业教育摆在更加突出的位置，更好支持和帮助职业教育发展，为实现"两个一百年"奋斗目标和中华民族伟大复兴的中国梦提供坚实人才保障。

党和政府十分关心职业教育，把职业教育的发展作为我们国家经济和社会发展的重要基础。2005 年《国务院关于大力发展职业教育的决定》(国发〔2005〕35 号)翻开了职业教育发展的新篇章，我国职业教育进入高速发展阶段。目前，无论是中等职业教育还是高职教育，总体规模均已占据高中阶段和普通高等教育的半壁江山。2011 年，为贯彻落实《国家中长期教育改革和发展规划纲要(2010—2020 年)》关于建设现代职业教育体系的要求，教育部先后发布《关于推进中等和高职教育协调发展的指导意见》和《关于推进高职教育改革创新引领职业教育科学发展的若干意见》等重要文件，提出质量是职业教育的核心。2012 年，财政部等四部委联合出台《关于扩大中等职业教育免学费政策范围进一步完善国家助学金制度的意见》，将中等职业教育免学费政策范围扩大到所有农村(含县镇)学生，同时进一步完善中等职业教育国家助学金制度。2014 年《国务院关于加快发展现代职业教育的决定》(国发〔2014〕19 号)提出构建现代职业教育体系，激发职业教育办学活力，提高人才质量。

这些政策的实施，为职业教育的发展提供了良好的环境与机遇，我国职业教育得到了空前发展，但依然存在许多不尽如人意的地方。我国高职教育起步晚、底子薄，许多职业院校没有足够的资金购置实训设备、建立实训基地，生师比居高不下，严重影响高职教育的内涵建设与质量提升，很难培养出适应社会需要的高素质技能型人才。近几年，政府对职业教育的投入不断增加，但高职教育经费不足、资源短缺的问题依然十分突出。从总体上看，高职教育仍然是我国教育事业的薄弱环节，教育成本分担现状不容乐观，不能适应经济社会发展的需要，高职教育预算拨款制度有待建立和完善。在这种背景下，加强高职教育成本分担及预算拨款制度的理论和实践研究，对发展我国职业教育无疑具有重要的理论价值和现实意义。

20 世纪 60 年代以来，国际国内许多经济学家和教育学家开始致力于研究高等教育成本问题。D. Bruce Johnston 教授于 1984 年首次提出了

"高等教育成本分担"理论，并不断地完善和发展了该理论。Johnston 认为高等教育成本至少包括教学基本成本、研究或特别活动开支、学生生活支出、机会收益四个方面。他认为，高等教育成本理应由政府和作为教育消费者的受教育对象等各方面共同负担。近年来，不少国外学者从实证的角度探讨高等教育投资与经济增长的关系、个人收益率与受教育程度的关系，进一步证明高等教育成本分担的必然性。同时，发达国家对高等教育拨款制度进行了较为深入的研究，并相继建立了一系列运行机制。

纵观世界各国，这些理论研究成果已广泛应用于职业教育领域。例如，德国创立的"双元制"职业教育模式，已成为职业教育成本分担机制的典范。此外，澳大利亚的 TAFE 模式、美国的"技术准备制"模式、英国的"三明治"教育模式、日本的"产学研合作"模式、韩国合同"订单"培养模式等，为我国职业教育成本分担模式的选择提供了思路。这些国家的高等学校拨款制度也各有特色，例如广泛采用的公式拨款法、美国的合同拨款法、英国的竞争拨款模式、近年来逐步推广的绩效拨款法等，为我国高等教育预算拨款制度的改革提供了有益的思路。

国内专家和学者对高等教育成本分担及预算拨款制度等相关问题的研究始于 20 世纪 80 年代，代表性著作主要包括阎达五等的《教育成本研究》、王善迈的《论高等教育的学费》、曾贱吉的《论高等教育成本分担与补偿的主体》等。从研究对象来看，大多集中于高等教育成本的分担，对职业教育成本及分担机制的研究较少，尚处于探索阶段。国内学者对于教育成本的研究与我国职业教育的改革发展历程息息相关，具有鲜明的中国特色及时代烙印。1999 年前，国内学者对教育成本的研究内容主要为教育成本的基本问题，如概念、意义、成本项目等；1999—2006 年，其研究内容侧重于教育成本的分担与补偿问题；2006 年之后，研究重点主要指向教育分担机制、生均教育成本测算和计量等问题；同时，我国学术界对高等教育拨款模式的选择、高等教育拨款的影响因素及拨款公式、绩效拨款的引入等内容进行了研究，取得了诸多成果。

　　我国对职业教育成本分担及预算拨款制度的研究存在研究范围较窄、研究内容重复、研究方法比较单一等问题。高职教育经费投入现状、成本的分担及补偿、成本构成等方面与普通高等教育有较大差别，因此有必要对我国高职教育成本分担机制及预算拨款制度进行专门研究。

　　笔者高度关注我国职业教育经费投入及成本分担问题，收集了大量的文献资料和统计数据，采用了规范分析与实证分析相结合的方法。一方面，对教育成本分担理论及有关问题进行深入的探索研究；另一方面，对我国 2005 年以来职业教育经费统计数据进行了不同属性、不同层次、不同省区等多个维度的统计与分析；同时，对湖北省宜昌市多所职业院校的在校生以自然班级为对象进行整群随机抽样调查，对本地区职业教育学生的家庭收入及教育成本分担情况进行分析；并结合国家统计局公布的城乡居民人均可支配收入及消费支出数据，对来自城市和农村学生的学费负担、教育支付能力进行了对比分析。研究过程和方法高度体现了实践标准，以大量数据及统计分析结果为基础，客观描述了我国职业教育成本分担和预算拨款制度的现状以及存在的问题。在此基础上，提出了有一定价值的理论观点和政策建议，形成了研究专著等研究成果。

　　本书对高职教育成本分担和预算拨款制度理论进行了系统的阐述，同时对我国高职教育经费投入情况及成本分担现状进行了实证分析，对完善职业教育成本分担机制、建立高职教育预算拨款制度提出了较为可行的政策建议。这些研究成果可供理论工作者、政策制定和执行者等提供参考数据和决策依据。

　　研究中涉及大量数据的收集、整理与统计分析研究。在此要感谢笔者的同事们，他们在百忙之中对本书的研究内容做了悉心指导，提出了很多宝贵的意见，他们的热情帮助使研究和本书得以顺利完成。其次，感谢学院领导对笔者提升自我的肯定和鼓励，为本书的撰写创造了良好条件。还要感谢那些在本书撰写期间给了极大支持和帮助的同行和朋友们！对那些关心职业教育发展的专家和学者们，在此一并表示诚挚的谢意。书中不妥当之处，恳请各位专家、学者批评指正。

作者

2017 年 2 月

目　　录

第一章　高职教育预算拨款制度的
理论基础

第一节　选 题 背 景

20 世纪 80 年代以来，随着经济体制和教育体制改革的不断深入，我国职业教育得到了前所未有的发展。《国务院关于大力发展职业教育的决定》(国发〔2005〕35 号文)将职业教育推向了教育改革的前线。2006 年《教育部财政部关于实施国家示范性高职院校建设计划加快高职教育改革与发展的意见》和《教育部关于全面提高高职教育教学质量的意见》联袂颁布，翻开了我国职业教育规模发展与内涵建设的新篇章。2011 年，为贯彻落实《国家中长期教育改革和发展规划纲要(2010—2020 年)》关于建设现代职业教育体系的要求，教育部先后发布《关于推进中等和高职教育协调发展的指导意见》和《关于推进高职教育改革创新引领职业教育科学发展的若干意见》等重要文件，提出质量是职业教育的核心。中央财政投入 20 亿元，实施全国高职院校提升专业服务能力的项目，以点带面，在示范建设的良好基础上普遍提高专业的社会服务能力，职业教育进入全面质量提升的历史新阶段。

2013 年，我国中等职业学校在校生达到 1 923 万，高职在校生为

973.6 万。① 无论是中等职业教育还是高职教育，总体规模均已占据高中阶段和普通高等教育的半壁江山。近几年，政府不断加大对各级职业教育的经费投入，为职业教育的发展提供了更多的财政支持。2011 年，中等职业学校的财政性教育经费占其经费总收入的比例高达 76.8%。2012 年，财政部等四部委《关于扩大中等职业教育免学费政策范围进一步完善国家助学金制度的意见》将中等职业教育免学费政策范围扩大到所有农村（含县镇）学生，同时进一步完善中等职业教育国家助学金制度，这些政策的实施为中等职业教育提供了良好的条件和发展机遇。高职教育作为高等教育和职业教育的重要组成部分，不仅经费投入总量严重不足，而且财政性教育经费投入相对较少，其生均教育成本较低。加上历史原因形成的基础教育资源不均衡，导致我国职业教育生源结构严重失衡，大多数学生来自农村和城镇较低收入家庭，支付能力极其有限。从总体上看，职业教育仍然是我国教育事业的薄弱环节，教育经费投入不足，办学条件较差，教育成本分担现状不容乐观，无法满足人才培养及内涵建设的要求。

在财政投入能力有限的条件下，实行职业教育成本分担制度，对受教育者收取学费以补偿部分教育成本就成为必然选择。众所周知，我国自 1989 年开始对高等教育收取少量学费，并于 20 世纪 90 年代中后期对非义务教育全面实行收费制度，实现了教育经费来源的多渠道化。教育收费改革的实践，使我国已基本上形成了以政府和受教育者个人负担为主的成本分担现状，在一定程度上解决了职业教育所面临的经费困难。但教育成本的计量及如何分担等问题却一直没有得到很好的解答，职业教育学费确定的科学性、合理性受到广泛质疑。近几年，在规模与质量的双重压力下，职业教育的学费水平持续上涨，这些问题引起了广大民众的普遍担忧。人们担心高额学费影响教育的公平性，甚至开始质

---

① 数据来自于中华人民共和国门户网站 http://www.moe.gov.cn/s78/A03/moe_560/s8492/，教育统计数据（2013）。

疑职业院校的公益性质。

近年来,各级政府对教育的财政投入大幅增加,我国各级教育特别是高职教育也得到了快速发展。据教育经费数据统计,2005 年以来我国公共财政教育经费拨款从 4 665.7 亿元增加到 2013 年的 21 818.46 亿元,其中高职教育经费拨款从 2005 年的 110.32 亿元增加到 2013 年的 755.25 亿元。① 财政投入的快速增长,预算拨款制度的不断完善,促进了我国高职教育办学质量的提升,增强了社会服务能力,在很大程度上解决了上学难的问题。

随着社会经济的发展,人们对高等教育的要求从"有学上"转变为"上好学",但现阶段我国高职教育"大而不强",因此高职教育办学质量和办学效益必然引起社会各界的高度关注。虽然政府对高职教育投入大幅增加,但与现行高职教育规模对资金的巨大需求存在较大差距,各地高职教育发展不平衡现象严重。虽然各地陆续建立了高职院校生均拨款制度,但高职教育经费不足、资源短缺、绩效不高等问题依然突出。

一年一度的高考总会引起社会对教育的高度关注,高校财政拨款排名也反复被网络热议,无论是本科高校"985"工程、"211"计划,还是高职院校"百所示范性高职院校建设工程"、"国家骨干高职院校"的入选,最终似乎都成了高校"身份"和"等级"的象征,甚至被认为是高校贫富的"分水岭"。2016 年 5 月份,湖北、江苏等地因招生计划外调的新闻引起家长高度关注,再次将我国高等教育改革问题推上风口浪尖。

"百所示范性高职院校建设工程"、"国家骨干高职院校"等项目,是十多年前在财政资源相对匮乏的情况下,国家急需集中资源建设一批高质量职业院校而实施的高职教育建设工程,应当说取得了较好的成效,有力地推动了我国高职教育的发展。但这些项目的实施似乎也带来了一系列后遗症,高职院校被人为划分为"三六九等",院校自主办学权被绑架,高职院校也陷入"重立项、轻实施"的怪圈,甚至出现"跑部

---

① 数据来自于《中国教育经费统计年鉴(2006)》和《中国教育经费统计年鉴(2014)》。

钱进"的现象，而这一切都将矛头指向我国高职教育预算拨款制度。

高职教育预算拨款制度是教育财政政策的核心内容之一，是支持高职教育事业发展的重要制度安排。我国现行高职教育预算拨款存在不同地区、不同属性、不同层次的差异较大等诸多问题，粗糙的资金分配方式导致资源分配不公平、不合理，投入型拨款机制导致高职院校成本意识缺乏、绩效意识不够，缺乏多元化拨款导向、绩效激励机制和动态调整机制，拨款政策导向不明确，对高职教育内涵建设的引导不足，不利于高职教育领域的综合改革与长远发展。

2017 年将是高职教育生均拨款制度全面实施的一年，面对突如其来的"暴富"，很多职业院校还没有找到发展方向和重点，高职教育资源配置的公平与绩效问题必将受到更加广泛的关注。

我国高职教育正处在综合改革的新阶段，改革的核心已由规模扩张和数量供应转向内涵建设和质量提升。在当前国家经济新常态和财税体制改革的大背景下，面临高职教育综合改革，分析我国职业教育成本分担现状，研究职业教育成本及财政拨款、学费、经济发展水平之间的关系，深入研究高职教育预算拨款制度，构建符合我国国情的职业教育成本分担机制，改革和完善现行高职教育预算拨款制度，对建立现代财政制度、提高财政资金使用绩效、提升高职教育质量、促进高职教育健康发展意义重大。

第二节 研究目的、意义及基本假设

一、研究目的与意义

(一)研究目的

本书通过对职业教育经费投入总量、结构、生均指标等数据进行不同属性、不同层次、不同省区等多个维度的横向及纵向对比分析，力求揭示我国高职教育成本分担的现状，探索高职教育预算拨款制度现状，分析存在的问题及原因，探求高职教育标准成本、生均拨款标准及学费确定的方法，提出建立和完善职业教育成本分担机制、改革我国高职教育预算拨款制度的方法与对策。

(二)研究意义

1. 理论意义

在我国职业教育高速发展的今天，职业教育面临规模与质量双重压力的大背景下，这一选题具有非常重要的理论价值和现实意义。从理论价值来看，本书整理了国内、外高等教育成本分担和高职教育预算拨款制度的相关理论及研究结论；对职业教育成本的含义、成本项目进行界定；对高职教育成本确定的原则及方法进行探讨；结合我国职业教育成本分担的实际问题，引入了新的研究视角，为我国高职教育成本分担机制的建立、运行和完善，为高职教育预算拨款制度的改革奠定了一定的理论基础。

2. 现实意义

从现实意义来看，本书从多个维度对高职教育成本分担现状进行比较分析，有利于全面了解和掌握教育成本分担的现状，发现存在的问题，为建立和完善我国职业教育成本分担机制提出可行性建议。通过对职业教育标准成本的计量口径及计量方法进行研究，为政府制定各级各类职业教育学费标准及政府拨款标准提供参考，有利于促进教育公平。同时，通过探讨职业院校成本分担和财政拨款制度的现实情况、影响因素及存在的问题，可以在一定程度上解释人们对于学费上涨的疑惑，也为我国改革完善高职教育预算拨款制度提供了有益的思路。

二、研究的基本假设

高职教育在校生大多数来自于农村地区，城乡居民对职业教育的支付能力存在较大差距；职业教育经费投入总量不足，高职教育与本科教育经费投入存在显著性差异；各省区高职教育生均财政性教育经费与人均 GDP 相关性较弱，学杂费等非财政教育经费与人均 GDP 相关性更强。

第三节　核心概念的界定

一、职业教育成本

教育成本（educational cost）是指从事教育活动所耗费的社会资源的总集合，是为了学生接受教育或培养学生所耗费的各种经济资源的货币价值。本书研究的对象为职业教育成本。广义的职业教育成本是指培养一个职业教育学生，国家、家庭和社会所耗费的全部费用，包括职业教育的社会直接成本及间接成本、受教育者个人直接成本及间接成本。高职院校教育成本（educational cost in vocational college）是指高职院校成本中用于培养学生所耗费的那部分经济资源的货币价值，即狭义的高职教育成本。从高职教育成本分担的角度来讨论，高职教育成本主要是指高职院校培养学生实际花费的费用，即高职院校教育成本。因此，本书将研究范围定义为高职院校提供高职教育服务的实际支出成本，主要由以下几部分组成：人员经费、公用经费、固定资产折旧及其他与培养学生有关的耗费。高职教育生均成本，指高职院校教育成本的生均指标。核定高职教育生均标准成本是合理确定生均财政预算拨款及学费标准的基础，是促进高职教育公平的前提条件。

二、高职教育成本分担机制

教育成本分担是教育成本分担与补偿的统称，是指由谁来支付、负担教育成本。教育成本分担主要指中央与地方政府根据各自的财力状况对教育成本进行合理分担；教育成本补偿则是由教育受益各方，根据各自收益高低及支付能力对教育成本进行补偿。在分担方式上，政府主要是通过财政拨款的方式分担教育成本，而个人主要是通过交纳学杂费的形式分担教育成本。

高职教育成本分担机制（education cost-sharing mechanism）是指确定高职教育成本分担的各个主体身份，并充分考虑高职教育成本分担的各种影响因素，合理确定高职教育成本分担中各个主体的分担比例的整体运作方式。

三、高职教育成本分担机制的基本要素

高职教育成本分担机制的建立和完善不仅涉及财政拨款或者学费的问题，而且是一项复杂的系统工程，只有全面考虑所涉及的问题，才能科学建立和顺利实施职业教育成本分担机制。职业教育成本是什么？包括哪些成本项目？有哪些影响因素？分担主体是谁？方式分担有哪些？分担比例如何确定？这些问题是建立高职教育成本分担机制必须解决的基本问题，因此应首先建立一个基本架构（见图1-1），将有关内容有机组织起来，确定该机制的基本要素，作为问题研究的出发点。

高职教育作为一种准公共产品，它所产生的外部社会效益巨大，政府作为这一收益的代表，自然成为高职教育成本的分担主体；企业和个

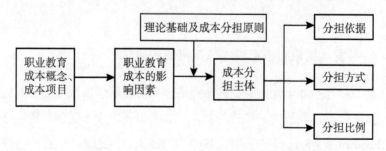

图 1-1　高职教育成本分担机制及基本要素图

人作为高职教育的直接受益者，理应成为高职教育成本的重要分担者；此外社会各界也应积极分担高职教育成本。要建立适合我国国情的高等职业教育成本分担机制，必须合理确定成本分担的主体及各个主体的分担比例，以促进高职教育的健康发展和教育公平的实现。

四、高职教育预算拨款制度

高等教育预算拨款制度（budgetary appropriation system），指政府财政部门提供给高等院校的资金总量、资金分配方式、资金使用结果的制度安排。高职教育预算拨款制度是高等教育财政政策的核心部分。

高职教育预算拨款制度，是高等教育预算拨款制度的重要组成部分，是支持高职教育事业发展的重要制度安排。高职教育预算拨款制度主要涉及财政资金来源、资金分配、资金使用绩效三个方面的问题。

拨款模式是预算拨款制度的重要问题。国际上通行的教育财政拨款模式主要包括增量拨款模式、零基预算拨款模式、协商拨款模式、公式拨款模式、绩效拨款模式五种模式。

第四节　国内外研究现状述评

一、国外研究现状

（一）发达国家对教育成本分担机制的研究

自 20 世纪 60 年代以来，许多经济学家及教育学家致力于高等教育成本及分担问题的研究。国外的教育成本分担研究大多受到美国经济学家 Theodore W. Schultz 的影响。1963 年 Schultz 出版《教育经济价值》一书，对教育成本的定义、构成要素等问题进行了详细的分析。他在《论人力资本投资》一书中分析了高等教育投资与收益的分析，从教育效率与公平的角度提出高等教育应实行收费制。这一理论使人们开始认识到，经济的增长和转变离不开人力资本的作用，教育是对人力资本的投入。1979 年 Elchanan Cohn 出版了《教育经济学》，他把教育成本分为直接成本和间接成本两大类，并对教育的收益与成本、教育和经济的增长、教育成本函数、教育财政等问题进行分析。D. Bruce Johnston 于 1984 年首次提出了"高等教育成本分担"理论，并不断地完善和发展了该理论。他认为高等教育成本至少包括教学基本成本、研究或特别活动开支、学生生活支出、机会收益四个方面。Johnston 认为，高等教育成本理应由政府和作为教育消费者的受教育对象等各方共同负担。近年来，国外学者从实证的角度探讨高等教育投资与经济增长的关系、个人收益率与受教育程度的关系，进一步证明高等教育成本分担的必然性。

纵观世界各国，这些理论研究成果已广泛应用于职业教育领域。例如，德国的创立了"双元制"职业教育模式，已成为职业教育成本分担机制的典范。此外还包括澳大利亚的 TAFE 模式、美国的"技术准备制"模式、英国的"三明治"教育模式、日本的"产学研合作"模式、韩国合同"订单"培养模式等，对世界职业教育的发展产生了巨大影响，为我国职业教育的发展及成本分担机制的建立提供了有益的思路。

（二）发达国家高等教育预算拨款制度的研究与实践

为充分发挥高等教育财政资金的效应，西方发达国家对高等教育拨款制度进行了较为深入的研究，并相继建立了一系列运行机制。比较有代表性的国家有美国、英国、德国、澳大利亚、日本。这些国家的高等教育拨款制度各有特色，发达国家的高等拨款制度的研究和实践，为我国高等教育预算拨款制度的改革提供了有益的思路，可资借鉴。

1. 美国高校拨款模式

美国将高等教育拨款划分为教育经常费拨款、资本性拨款和专项拨款三部分，教育经常费拨款主要采取增量拨款法、公式拨款法、合同拨款法和协商拨款法四种形式。

增量拨款模式也就是"基数加发展"的模式,这种拨款模式假定各高校上一年度所从事的教学、科研等活动以及由此发生的各项费用分配和支出合理,并带来了相应的收益。在新一轮的高校财政拨款中,结合各州高等教育的发展现状以及政府的财政状况,根据各高校规模扩大的部分(如学生人数的增加、新学科专业的成立、科研项目的增设等)制定财政拨款的增长系数,并以增长系数来确定下一年度高校财政拨款额度。增量拨款的核心在于拨款增加额度的确定。在确定增量时,一般有三种方法,分别为按拨款公式测算、简单的增长比例和经验判断。

公式拨款模式建立在对高校成本行为科学分析的基础之上,政府有关部门或负责拨款的机构通过对高校的各种成本行为分析之后,确定高校各项成本行为的拨款公式,并与高校进行协商,征得各校同意后按照公式算出的拨款数额向高校拨款。公式拨款就是通过对影响财政拨款的各因素赋予不同权重,进而建立每组成本行为的一个拨款公式,通过得到的公式计算每个项目的拨款额,各项目拨款数额总数就是高校该年度的财政拨款总额。美国各州公式拨款思想基本一致,但是在公式中考虑的因素以及权重有地方特点。

合同拨款是对高校公式拨款的补充,一般都采用投标-招标的方式,主要用于科研经费拨款和高校专项经费拨付,拨款时在合同中明确经费使用方式和预期要达到的目标等条款,以确保拨款经费使用的质量和效率。

绩效拨款模式主要是通过高校绩效指标和权重的确定,对各高校进行绩效评价,根据评价结果对高校进行经费拨付。美国各州绩效指标大致相同,主要包括教学及学生指标、科研指标、财务及资源管理指标。教学及学生指标主要包括生师比、学生成绩、学生课程完成情况、学生就业率、学生获得学位的年限等指标;科研指标主要包括科研项目数量及完成率、科研成果、科研经费额度等指标;财务及资源管理指标主要包括行政人员比例、校园生活质量、经费来源结构、基础设施建设与利用等指标。这些绩效指标中，更多的是关注产出型指标，如毕业生率、学位获得率、毕业生的安置率等。

2. 英国高校拨款模式

英国高校财政拨款是最具有特色的模式之一，英国政府通过基金制即成立中介机构来行使对高校的财政拨款，充分发挥中介机构职能，在高校发展与国家需要之间寻求平衡，这种中介机构拨款模式不仅引起了世界上许多国家的关注，也为英国带来高等教育事业的快速发展。

英国高校则扮演着独立法人实体的角色，其高校拥有更多的办学自主权，可自主从各种渠道筹集资金。政府高等教育公共支出对高等学校的资助是通过政府资助或者政府购买的合同制形式实现的，对高等学校的拨款也不是政府直接拨款，而是通过具有中介机构性质的专门拨款机构对资金进行合理分配。

在英国由第三方独立机构拨款委员会来主导完成经费分配的高校财政拨款模式中，政府、议会、第三方独立机构各司其职。拨款资金总额由英国中央政府决定，资金分配的总体原则和比例由议会提出，但资金分配则是拨款机构的独立责任。

目前，英国高校财政拨款主要由教学拨款和科研拨款两部分组成。教学拨款按公平原则，按照基础培养成本和办学规模，并参考原拨款基数确定，满足高校日常运转的基本需要，主要根据学生数、办学成本等确定。科研拨款则根据科研水平，以竞争方式拨款，分为经常性科研拨款和项目拨款两大部分。经常性科研拨款主要由高等教育基金会负责，包括科研质量拨款、科研发展拨款和科研合同附加拨款。科研项目拨款主要是研究基金会对高校科研的资助。

这种独立第三方机构参与的拨款模式，不仅为政府对高校的管理提供了帮助，促进了各类高校的共同发展和公平竞争，也在一定程度上提高了财政支出绩效，保证了其高等教育教学与科研质量的稳定性和长期性。

3. 德国财政拨款模式

德国是联邦制国家，其高等教育财政拨款由联邦政府和州政府共同承担，财政拨款权也由官方按照相关协议实施。高等教育机构的最主要收入来源是基本经费，其次是额外的研究经费和行政管理经费。州政府负责高等教育的日常性基本经费，联邦与州政府共同负责高等教育的基本建设费、科研费、学生资助等拨款。对于基本建设费，政府采取直接拨付建筑商的方法，而不经过高等学校。

4. 澳大利亚财政拨款模式

澳大利亚的高等教育财政拨款以联邦政府为主，州政府负责立法管理和少量拨款，主要采用的公式拨款法。联邦政府对高校的拨款主要通过下属的教育、科学与训练部门来执行，主要包括教学拨款、一部分科研拨款和学生贡献计划拨款三部分。

5. 日本财政拨款模式

日本高等教育实行中央和地方的两级管理体制，国立大学经费来自于中央政府，公立大学的经费来源由政府政府负责。日本公立高校拨款项目主要包括教育事业费、基本建设费和科研经费三种，私立学校拨款则主要涉及部分教育事业费补助、学生资助经费拨款等，具体拨款程度很多通过具有缓冲性质的中介机构间接地进行分配。

日本主要采用"三位一体"式财政拨款机制，其高等教育财政分配主要有两种方式：一种是定量分配方式，主要以师生比为依据，以保障高等正常稳定运行为原则；另一种是倾斜分配方式，主要以业绩评估为标准，强调资金的使用效率。

近几年，英、美等发达国家在高校财政拨款中逐步引入绩效拨款机制，对高等教育进行教学、科研、社会服务等方面进行评估，评估结果作为拨款的重要依据之一，与财政拨款紧密结合。例如，美国的高校质量评估结果会间接影响拨款，各高校通过非官方机构的认证和评估结果来申请政府拨款；英国的高等教育评估与拨款联系紧密，主要涉及科研拨款，由独立于政府和高校的第三方——大学拨款委员会负责评估与拨款；日本的科研经费也采取竞争性拨款，充分体现了绩效理念。

纵观各国高等教育财政拨款模式的发展，虽然各具特色，但有其共同的变化趋势，一是更加注重拨款的透明和公平，二是在以往单一的投入型拨款模式中，引入了绩效（产出）拨款模式。英、美、德、日等发达国家的高校预算拨款模式，均强调拨款的公开竞争，引入绩效拨款概念，通过竞争方式激发高校之间提高资金使用效率。为了提高财政拨款支出的效率，优化教育资源的配置，各国普遍将绩效评价作为有效措施，在预算资金的分配上，越来越强调拨款的竞争性、择优性以及效益性，使得绩效评价结果对科研拨款和专项拨款的影响越来越大。对财政支出进行绩效评价，并将结果与财政拨款挂钩，将逐渐成为未来高职教育预算拨款制度改革的趋势。

二、国内研究现状

(一)教育成本分担机制的理论研究

国内对高等教育成本的分担及相关问题的研究始于 20 世纪 80 年代，累计已有超过 3000 篇的论文公开发表。代表性著作主要包括阎达五等的《教育成本研究》、王善迈的《论高等教育的学费》、曾贱吉的《论高等教育成本分担与补偿的主体》等。

从研究对象来看，大多数研究集中于高等教育成本的分担，对职业教育成本及分担机制的研究较少，目前尚处于探索阶段。国内学者对于职业教育成本的研究，与我国职业教育的改革发展历程息息相关，具有鲜明的中国特色及时代烙印。1999 年以前，国内学者对教育成本的研究内容主要为教育成本的基本问题，如教育成本的概念、意义、成本项目等；1999—2006 年，其研究内容侧重于教育成本的分担与补偿方式等问题；2006 年以来，研究重点主要指向教育分担机制、生均教育成本测算和计量、学费确定等方面。我国对职业教育成本的研究存在研究范围较窄、研究内容重复、研究方法比较单一等问题。职业教育在经费投入现状、成本的分担及补偿、成本构成等方面与普通高等教育有较大差别，有必要对我国职业教育成本分担机制进行专门研究。

(二)国内高等教育拨款制度的研究与实践

新中国成立以来，随着国家财政管理和税务体制的改革与发展，我国高等教育预算拨款模式主要经历了三个阶段：一是 1949—1984 年的"基数+增长"模式，二是 1985 年提出的"综合定额+专项补助"模式；三是 2002 年至今的"基本支出预算+项目支出预算"模式。

我国学术界对高等拨款模式的选择、高等教育拨款的影响因素及拨款公式、生均拨款标准制定、绩效拨款等方面进行了研究，取得了诸多成果。主要分为两个阶段：2000 年之前，研究内容主要集中于拨款模式、影响因素、与发达国家高等拨款模式的对比等；2000 年以来，研究内容更加丰富，更多的学者开始研究财政拨款的公平与效率、支出的绩效评价，一些学者对绩效拨款进行了研究。

1994 年，王善迈教授从提高教育资源配置效率的角度提出了"多重目标合理组合"拨款模式。官风华、魏新(1995)提出了"公式拨款"模式。李文利、魏新(1997)认为我国高校拨款应该采用"普通基金加专项基金"模式；侯瑞山、杨树林(1999)提出我国高等教育财政拨款应实行"基本拨款加专项基金"的拨款模式。

自 2000 年以来，国内对高等教育预算拨款制度的研究内容有了较大变化，更多地关注支出的绩效评价，研究高等教育拨款的公平与效率。王雪峰(2002)提出构建"产出型"拨款机制；夏建刚(2002)提出"公式拨款+绩效拨款+合同拨款"模式；王寰安、张兴、包海芹(2003)指出中国应建立专门的拨款和评价机构，实现以成本和绩效为基础的拨款方式；付雪、朱为英(2004)提出"一般拨款+专项拨款"模式；马陆亭(2006)提出"教学拨款+科研平台建设拨款"模式；张炜(2008)提出"层次定额+专业补贴+绩效拨款"模式。

目前，我国对高职教育预算拨款制度的研究成果很少，存在研究范围较窄、研究内容重复、研究方法相对单一等问题。由于高职教育有其自身发展规律和特点，不可能完全照抄照搬普通高等教育预算拨款制度，因此有必要对我国高职教育预算拨款制度进行专门研究。

三、基础理论综述

（一）公共产品理论

美国经济学家 Paul A. Samuelson 于 1954 年发表了《公共支出的纯理论》，提出公共产品理论。该理论认为，公共产品的定义是"每个人对这种产品或劳务的消费，都不会减少其他人对它的消费"。例如，国防、外交、治安是典型的公共产品。它与私人产品或劳务有显著不同的三个特征：效用的不可分割性、消费的非竞争性和受益的非排他性。而凡是可以由个别消费者所占有和享用，具有敌对性、排他性和可分性的产品就是私人产品。介于二者之间的产品称为准公共产品。一般意义上，公共产品为社会共同享有而不为任何一个人单独享有其利益，其成本难以通过市场机制得到补偿，只能通过财政收支手段来配置资源，因此应由政府提供。私人产品的消费则具有竞争性和排他性，只能为消费者独享，不产生外部经济效益，因此应由消费者个人承担其成本。准公共物品，一方面可为社会共同享有，产生外部经济社会利益，同时在消费上又具有排他性，如公立医院、高等教育等。

从产品属性上看，高职教育属于准公共产品，这一特点是高职教育实行成本分担的最主要的理论依据。一方面，由于受到教育资源、招生规模等限制，每增加一个人接受高职教育，就会相应减少其他人消费职业教育的机会，具有排他性和竞争性。另一方面，职业教育又具有公共性，个人不能独占。因此，职业教育属于典型的准公共产品，其成本应由政府、个人等各方共同承担。

(二) 成本分担理论与利益获得原则

1984 年，美国纽约大学校长 D. Bruce Johnston 提出了教育成本分担理论。该理论认为，根据"谁受益谁付费"的原则，职业教育的成本应当由政府、学生个人及其家庭、企业及其他社会力量共同承担。

利益获得原则——"谁受益谁分担"的原则，即根据主体收益的大小确定各自分担的成本。根据这一原则，教育受益各方都应该负担成本，支付教育费用。收益大的主体应多分担成本，收益少的主体应少分担成本。职业教育的收益并非受教育者独自占有，其巨大的外部社会与经济效应由整个社会共同享有，其个人收益远不如普通高等教育收益，而企业则成为现在职业教育的最大受益者。国家、社会、企业及其他社会力量、个人及家庭都获得了相应利益，因此职业教育成本理应由各受益方共同分担，这是提高职业教育资源配置的有效手段。

(三) 教育公平理论与能力支付原则

教育公平是重要的社会公平，公平理论是职业教育成本分担的社会学基础，教育的公平属性是职业教育实行成本分担的必然要求。教育公平是国家对教育资源进行配置时所依据的合理性的规范或原则。教育公平是指每个社会成员在享受公共教育资源时受到公正和平等的对待。职业教育公平一般包括职业教育机会均等性、公共教育资源分布均等性、居民收入分配结构中的公平性等方面。随着教育体制的改革和高等教育大众化发展，我国职业教育的机会均等已基本实现，而公共教育资源分布均等性、居民支付能力成为影响职业教育公平性实现的重要因素。

教育的能力支付原则是指所有从教育中获得利益的主体都应按其能力大小补偿教育成本，即支付费用要根据主体的分担能力来确定。支付能力大则多分担教育成本，能力小则少分担。从财富的边际效用递减规律来看，支付能力较强者多分担教育成本是公平的，而且其支付能力也决定了分担教育成本的可能性。我国区域经济发展不平衡、社会贫富不均现象突出，在经济发展水平低的地区，个人对教育成本分担能力普遍较差，农村家庭的支付能力明显不足。2008年全球金融危机导致国内通货膨胀，家庭教育支出总成本和受教育的机会成本上升，部分受教育者放弃上学机会，必然形成马太效应，这与社会公平的基本原则相去甚远。如何解决这个问题，成为了摆在我们面前的一个重要课题。为保证高职教育公平性，确定高职教育成本分担政策时必须考虑居民的支付能力。能力支付原则有助于促进教育公平，是社会公平与和谐的内在要求。

(四)人力资本理论

20世纪60年代，美国著名经济学家 Theodore W. Schultz 提出了著名的人力资本理论。他认为高等教育对提高个人生产效率和收入有巨大作用。他对美国教育进行了实证研究，指出教育对经济的贡献达到30%以上，而高等教育对经济的贡献则成倍增加。可见，教育不仅是一种消费，更是一种能带来巨大收益的投资。人力资本理论指出人在社会生产中起到决定性作用，诠释了教育在经济发展中的重要作用，它是高职教育成本分担机制的重要经济学基础。个人是否需要和愿意为教育付费，首先要看所接受的教育是否一种投资行为。很长时间以来，人们把接受教育视为一种消费行为，认为教育是一种非生产性投资，不会获得实质性经济利益。但随着社会的进步，高职教育在各国经济发展中发挥着越来越重要的作用，人们开始意识到，高职教育成果是一种人力资本，其投资属性是高职教育实行成本分担的重要原因。职业教育在我国经济发展、产业升级中具有重要的战略地位，给企业、社会和国家带来巨大效益，其个人收益率却远远小于普通高等教育。因此，高职教育成本分担政策时应考虑各主体投资及收益情况，建立科学合理的成本分担机制。

(五)高职教育财政投入的公平与效率

效率是一个经济学范畴，是指资源的有效配置与使用。在经济领域，任何资源总是有限的，只有配置得当，有限的资源才可以发挥更大的作用。教育财政投入的效率，在本质上也是一种生产效率，是指将有限的财政资金投入到教育领域，如何运用这些资金"生产"出更多更优质的学生和社会效益，以最大限度地利用教育财政资金。换句话说，就是如何以最少的投入获得最大的回报，这是教育财政投入效率的关键。

公平则是一个伦理学概念，是指一个社会在尊重人的基本权利、满足人的基本需要、促进人的共同发展方面所达到的水平。一种观点认为，公平是指分配的公平，另一种观点认为公平即指机会的均等，后者是被多数人接受的观点，即认为机会均等是衡量公平的标准。教育公平是社会公平的重要基础，是社会公平正义程度的重要体现。

高职教育财政公平是指在高职教育领域内对财政资源的公平分配，一方面指公共财政教育资源分配的公平性，另一方面指公共财政教育资源分配的补偿性。

高职教育的效率是指高职教育财政资源在现行体制下的有效配置，宏观上表现为财政资源在各高职院校之间的有效配置，从微观角度来看，效率表现为各高职院校教育和管理效能的充分发挥。衡量高职教育财政效率的高低，主要看投入与产出的比率，即如何以最小的财政投入换取最大的高职教育效益。高职教育的产出，主要是指培养的学生的数量和质量，其产生的社会效益是高职教育财政投入最重要的成果。但由于人才质量和社会效益难以量化，缺乏可操作性的教育绩效评价的指标和标准体系，高职教育财政投入的绩效评价是一个现实的难点。

公平与效率是相互对立又相互依存的有机统一体。高职教育的财政投入，既要重视教育公平，又要充分发挥财政资金的效率，做到公平与效率兼顾。在财政资源有限的情况下，公平与效率两者的矛盾是真实存在的。如何加大薄弱地区与薄弱院校的投入、缩小地区与院校差距、促进教育公平的同时，加大"双一流"建设，促进一流院校、重点学科的水平提高，如何兼顾公平与效率，确实是需要我们认真思考和解决的问题。

上述理论均从某一个角度说明了高职教育成本分担、预算拨款制度改革的必要性，但仅仅说明高职教育成本分担和拨款制度改革的必要性和合理性。至于如何分担、如何改革完善现有预算拨款制度，则应取决于教育成本、财政拨款、学费及配套政策等多种因素，是各种主体力量博弈与平衡的结果。

第五节　研究的主要内容与方法

一、研究设计与思路

本书以高职教育成本为研究对象，以教育成本分担、教育公平理论等作为理论基础，系统地分析了我国高职教育成本分担及预算拨款制度的现状及存在的问题。

本次研究思路为文献总结—教育经费统计数据的收集与问卷调查—SPSS 数据处理与实证研究—提出结论与建议。从职业教育成本及成本分担的理论界定出发，以全国教育事业发展情况公告、中国统计年鉴、教育经费统计年鉴、高职院校在校生问卷调查数据为依据进行统计分析，揭示我国高职教育成本分担和预算拨款制度现状，分析存在的问题及成因。并在此基础上，提出构建符合中国国情的高职教育成本分担机制及预算拨款制度改革的思路和建议。

二、研究主要内容与创新

(一)研究内容

本书对研究背景与意义、思路与方法、国内外高职教育成本分担研究情况进行综述，以我国高职教育成本为研究对象，以职业教育经费统计数据及问卷调查资料为基础，对我国高职教育成本分担及预算拨款制度的现状进行了系统研究。主要内容包括：

（1）成本分担机制与预算拨款制度的理论界定。在理论分析基础上，提出高职教育成本分担机制的要素包括高职教育成本确认与计量、影响因素、分担主体、分担方式等主要内容。

（2）分析我国高职教育成本分担的现实情况，进行实证研究，揭示我国高职教育成本分担及预算拨款制度的现状；介绍我国高职教育财政拨款制度发展历程，分析我国高职教育财政拨款制度的现状。

（3）提出建立符合国情的高职教育成本分担机制、改革现行高职教育预算拨款制度的思路及政策建议。

研究内容结构图具体见图 1-2。

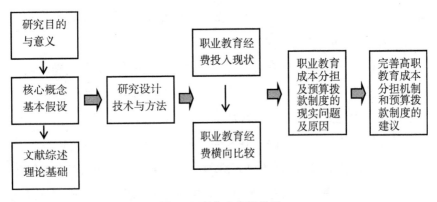

图 1-2 研究内容结构图

(二)创新之处与局限

本研究的创新之处主要有三个方面。一是以 2005 年以来的高职教育经费统计数据及问卷调查资料为基础，从教育经费投入量及结构、在校生源结构、学费负担率、城乡居民的教育支付能力等方面进行多角度的实证研究，定量分析高职教育成本分担现状；二是提出以科学测算高职教育标准成本基础上，构建以政府作为高职教育成本分担的主要供给者，以企业、家庭及个人作为重要分担者，辅以学费减免、助学贷款、社会捐赠等其他多种形式并存的政府主导型高职教育成本分担机制。将企业这一职业教育最大的受益者纳入高职教育成本分担机制；三是提出高职教育成本分担机制的构成要素及构建方法，提出高职教育预算拨款制度框架。

当然，这项研究也有其局限与不足。首先，以生均标准成本确定学费标准，与目前大多数高职院校实际条件与质量现状存在一定差距。其次，本书对于高职在校生家庭收入和教育支出的问卷调查仅限于湖北省宜昌市，虽然有一定代表性，但也存在其局限性。

三、研究方法

本书综合应用了实证分析与规范分析相结合、定性与定量分析相结合的科学研究方法，采用文献研究法、对比研究法、问卷调查法等定性与定量方法相结合的研究方法。

1. 文献法

本文通过查阅相关书籍、期刊、中国知网、Springer 数据库等，收集到多篇涉及高等教育及职业教育经费投入及成本分担的研究成果。通过对文献的分析掌握了国内、外在高职教育投入领域的研究现状，为本次研究提供了科学的研究思路。

2. 问卷调查法

编制《职业教育在校生家庭收入与教育支出调查问卷》，作为本书的测验材料，对湖北省宜昌市四所职业院校在校生以自然班级为对象进行整群随机抽样法进行调查。

3. 对比研究法

本次研究从职业教育经费投入总量、生均指标、经费结构等方面对不同省区、不同层次的教育经费投入进行对比研究；对来自城市和农村高职生的人均可支配收入、人均消费性支出、学费负担率、对高职教育支付能力等数据进行对比分析。

四、技术路线和实施步骤

首先，对国内外教育成本分担理论进行总结及分析，提出问题。

其次，收集 2005 年以来我国高职教育经费投入的相关数据，并通过问卷调查取得在校学生家庭及个人教育成本分担方面的数据资料，进行对比研究并利用 SPSS18.0 软件分析高职院校经费收支情况、教育成本分担现状。

再次，用统计学方法描述职业教育经费投入情况，分析高职教育成本分担及预算拨款制度存在的问题及成因，提出我国高职教育成本分担现实中，生均拨款标准及受教育者家庭和个人应分担的学费标准的确定方法，提出完善学费及相关政策的思路。

最后，在上述研究资料和结果的基础上，提出政府、企业在教育成本分担中应该发挥的作用。并提出构建以政府为主导，以企业和受教育者家庭为重要分担者，辅以社会捐赠等多种形式并存的职业教育成本分担机制的建议，同时指出改革完善我国高职教育预算拨款制度的思路。

第二章　我国高职教育经费投入的现状

第一节　职业教育的发展现状

1999 年进行了高等教育大规模扩招，高职教育在校生规模快速扩张，进入我国职业教育的规模发展阶段。进入 21 世纪以来，随着我国经济增长、产业结构的调整与升级，职业教育得到迅速发展。党和政府十分关心职业教育的发展，2005 年《国务院关于大力发展职业的决定》（国发〔2005〕35 号）翻开了我国职业教育发展的新篇章，我国职业教育进入高速发展阶段。2006 年，国务院正式启动被称为"高职 211"的"百所示范性高职院校建设工程"，标志着我国职业教育进入以内涵建设为主的深入发展阶段。因此，以 2005 年作为起点，采集职业教育经费的相关数据，对分析我国职业教育经费投入现状及成本分担机制的研究有着重要的现实意义。

目前，无论是中等职业教育还是高职教育，总体规模均已占据高中阶段教育和普通高等教育的半壁江山。十年间，我国职业教育得到快速发展，建立了世界上最大规模的职业教育体系。2013 年，我国中等和高等职业学校在校生总数近 3 000 万人，年招生总量达 993 万人，依托学校和教育机构开展的各类职业培训达 6 000 多万人次。在这一发展过程中，逐步形成了基本完善的职业教育法律制度体系，探索了灵活多样的职业教育办学模式，建立了覆盖广泛的职业教育学生资助体系，走出了一条中国特色的职业教育发展道路。

一、中等职业教育的发展现状

目前，我国中等职业教育规模已基本与普通高中相当，但中等职业教育形势不容乐观。在计划经济条件下，中等职业教育为社会培养了大批具有综合职业能力，在生产、服务、技术和管理第一线工作的劳动者和中初级专门人才。近些年，曾经红火的中等职业学校因普通高中扩招、毕业生就业安置、中职生综合素质偏低等问题而出现了招生难、生存难和持续滑坡的局面，甚至部分中等职业学校因此而面临倒闭的风险。尽管许多中等职业学校采取了教职工全员招生与奖金挂钩等办法以解决生源难题，勉强维持运转，但生源的"录取流失率"居高不下，招生成本较高，中职教师背负着沉重的工作压力和思想包袱。尤其是许多刚毕业新分配来的年轻老师因无法完成招生任务而被扣奖金，致使年轻教师队伍不稳定，加速了中等职业学校的师生比降低，造成部分专业教师的教学负担过重，难以保证教学质量，形成恶性循环。面对中等职业技术教育的严峻形势，我们应该进行冷静而理性的思考和分析。与其说中等职业学校面临着存亡危机，不如说中等职业教育的招生、教学和管理需要加大改革的力度。我国中等职业教育形势不容乐观，中职生源质量较差，传统的教育观念、办学模式、课程体系等多种因素已成为中等职业学校生存和发展的桎梏，中等职业教育改革势在必行。

伴随着高校扩招，我国中等职业教育在"九五"到"十五"期间经历了下滑和回升两个阶段。2002 年，国务院召开了全国职教工作会议后，中等职业教育招生规模的负增长现象才得以扭转，开始出现恢复性增长。2005 年，国务院召开第六次全国职业教育工作会议，颁布了《关于大力发展职业教育的决定》，对我国中等职业教育的发展起到了非常重要的作用，自此我国中等职业教育进入了发展的快车道。

表 2-1 的数据显示，2013 年全国中等职业学校总数为 12 262 所，在校学生数和招生数分别为 1 922.9 万和 674.8 万，比 2000 年分别增长了 79% 和 101%，中等职业教育在校生规模与普通高中规模基本相当。

表 2-1   **2005—2013 年中等职业教育招生情况与在校生规模**

年份	在校生数	招生数
2005	1 600.0	655.7
2006	1 809.9	747.8
2007	1 987.0	810.0
2008	2 087.1	812.1
2009	2 195.2	868.5
2010	2 238.5	870.4
2011	2 205.3	813.9
2012	2 113.7	754.1
2013	1 922.9	674.8

注：表中数据来自于中华人民共和国门户网站 http://www.moe.gov.cn/s78/A03/moe_560/s8492/，教育统计数据（2005—2013）。

2011 年，为贯彻落实《国家中长期教育改革和发展规划纲要（2010—2020 年）》关于建设现代职业教育体系的要求，教育部发布《关于推进中等和高职教育协调发展的指导意见》等重要文件。2013 年 11 月，中国共产党十八届三中全会通过了《中共中央关于全面深化改革若干重大问题的决定》，对高考及招生制度改革作出了全面、系统、明确的部署。2012 年，财政部等四部委联合出台《关于扩大中等职业教育免学费政策范围进一步完善国家助学金制度的意见》，将中等职业教育免学费政策范围扩大到所有农村(含县镇)学生，同时进一步完善中等职业教育国家助学金制度。将中等职业教育免学费政策范围扩大到所有农村学生、城市涉农专业学生和家庭经济困难学生。这是我国政府继城乡免费九年义务教育全面实现之后的又一重大举措，是我国职业教育发展史上的一个里程碑。

这些政策的贯彻与落实，不仅减轻了农村学生经济负担，促进教育公平；支持了农村发展，提高农村劳动者素质；进一步加快普及我国高中阶段教育；同时也体现了国家对职业教育的重视，进一步增强职业教育吸引力，也为中等职业教育的发展提供了制度保障和经费支持。随着"大力发展中等职业教育"国策的提出和市场经济体制的不断完善，中等职业学校正逐渐成为独立的教育主体，公平地参与市场竞争。

二、高职教育的发展现状

(一)高职教育的发展历程

2011 年，我国首次发布高职教育人才培养质量报告，将 1980 年、1999 年和 2006 年共同记入中国高职教育(以下简称高职教育)发展的历史。从 1980 年至今，我国高职教育发展经历了初步探索、规模扩张、内涵建设三个阶段。

1. 初步探索阶段(1980—1998 年)

这一时期，一部分中心城市举办了一批以"收费、走读、不包分配"为主要特点的地方短期职业大学，率先打出了"高职教育"的旗帜。职业大学的办学经费主要来自世界银行贷款、地方政府拨款、学杂费。职业大学是我国最早具有高职教育性质的学校，是我国高职教育办学模式的雏形。1985 年，《中共中央关于教育体制改革的决定》明确要求积极发展高等职业技术院校，改变专科、本科比例不合理的状况。1994 年，全国教育工作会议提出了"三改一补"的基本政策，将现有的职业大学、部分高等专科学校和独立设置的成人高校合并整改；在高职教育发展仍未满足的情况下，可将少数达标的重点中专改制或举办高职班作为补充的办学模式，拓展了高职教育的发展路径。

这一时期，我国高职教育从起步到法律地位的确定，被正式纳入高等教育体系。1996 年《中华人民共和国职业教育法》颁布，明确职业学校教育分为初等、中等、高等职业学校教育，在我国历史上第一次确立了高职教育的法律地位。1998 年《中华人民共和国高等教育法》颁布，进一步明确了高职教育在我国高等教育体系中的法律地位。

2. 规模扩张阶段（1999—2005 年）

世纪之交，我国经济快速发展、社会加快转型，社会对高等教育需求和高等教育资源供给的矛盾日趋突出。1999 年，《中共中央国务院关于深化教育改革全面推进素质教育的决定》明确提出"高职教育是高等教育的重要组成部分，要大力发展高职教育"。自此，我国高职教育进入快速发展时期，成为高校扩招的主力军，招生规模连年增长。2005 年全国普通高职院校招生数为 268 万人，占普通高等学校招生总数的53.17%，这一阶段，我国高职教育从规模扩张至发展方向定位。2002 年，《国务院关于大力推进职业教育改革与发展的决定》中提出，各级政府要加大对职业教育的经费投入，依法拨付职业教育经费，教育费附加用于职业教育的比例不低于 20%；各类企业要按照法律法规承担职业教育的相应费用，一般企业按照职工工资总额的 1.5% 足额提取教育培训经费，效益较好的企业可按 2.5% 提取，列入成本开支。2004 年，《教育部关于以就业为导向深化高职教育改革的若干意见》明确了高职院校必须坚持的办学方针和培养目标，即以服务为宗旨，以就业为导向，走产学研结合的发展道路。2005 年，国务院召开第六次全国职业教育工作会议，颁布了《关于大力发展职业教育的决定》，要求高职院校推行工学结合、校企合作的办学模式和人才培养模式、财政部立项重点建设百所高水平示范性高职院校，按年度、分地区、分批次推进的计划。这一期间，政府加强了对高职教育的宏观统筹领导，加大对高职院校经费投入，定位高职教育的发展方向，为高职教育的发展创造了的良好的环境，高职教育迎来了重要的战略机遇期。

3. 内涵建设阶段（2006 年至今）

这一时期，政府加强了对高职教育的宏观统筹领导，规范了高等院校经费来源的各个主体及其应承担的责任，为高职教育的发展创造了良好的外部条件。2006 年 8 月,《教育部等七部门关于进一步加强职业教育工作的若干意见》文件中提出,在政府增加职业教育经费投入的同时,受教育者也要承担一定比例的教育费用;中央财政安排职业教育专项经费,主要通过"以奖代补"等方式引导和支持实训基地建设。

国务院提出并启动被称为"高职 211"的"百所示范性高职院校建设工程",成为这一阶段的主要标志。2006 年 11 月,《教育部财政部关于实施国家示范性高职院校建设计划加快高职教育改革与发展的意见》和《教育部关于全面提高高职教育教学质量的意见》联袂颁布,标志着国家高职教育政策在强化特色、加快改革、提高质量方面的重点引导。文件指出,加大对示范院校的支持力度,逐年提高示范院校的生均经费标准,到"十一五"末,保证示范院校的生均预算内拨款标准达到本地区同等类型普通本科院校的生均预算内经费标准,并根据当地情况,适当降低示范院校的收费标准等。中央财政对入选的示范性院校实行"经费一次确定、三年到位,项目逐年考核、适时调整"的政策。实施国家示范性高职院校建设计划是加快高职教育改革与发展的重要战略举措,是国家深入发展高职教育的政策路线。示范性高职院校建设计划的实施,促进了人才培养模式改革,强化了高职教育模式改革的政策导向。在经济危机和高校毕业生屡创新高的双重压力下,高职教育就业率连年提高,显示其空前活力和勃勃生机。

2011 年,为贯彻落实《国家中长期教育改革和发展规划纲要(2010—2020 年)》关于建设现代职业教育体系的要求,教育部先后发布《关于推进中等和高职教育协调发展的指导意见》和《关于推进高职教育改革创新引领职业教育科学发展的若干意见》等重要文件,提出高职教育要以提高质量为核心,以增强特色为重点,以合作办学、合作育人、合作就业、合作发展为主线,努力建设中国特色、世界水准的高职教育。中央财政投入 20 亿元,实施全国高职院校提升专业服务能力项目,以点带面,在示范建设的良好基础上普遍提高专业的社会服务能力,高职教育进入全面质量提升的历史新阶段。

(二)高职教育的规模发展

从规模上看，高职教育已经成为中国高等教育的"半壁江山"。1998 年以来，高职教育规模得到快速发展。截至 2014 年底，具有普通高等学历教育招生资格的高等职业学校数量达到 1 327 所，占普通高等学校总数的 60%。此外，还有部分普通本科学校举办高职高专教育，基本形成了每个市(地)至少设置一所高职高专学校的格局，成为与地方经济发展和人民群众利益联系最直接、最密切的高等教育办学机构，为地方经济、文化、科技的发展奠定了良好的基础。表 2-2 为 1998—2014 年高职院校学校数、招生数和在校生数的总体情况。

表 2-2　　1998—2014 年我国普通高职院校办学规模情况表

年份	学校数（所）	招生数（万人）	占普通高校招生数比例	在校生数（万人）	占普通高校在校生数比例
1998	432	43	39.81%	117	34.41%
2002	767	162	50.47%	376	41.64%
2005	1 191	268	53.17%	713	45.65%
2006	1 147	292	53.58%	796	45.75%
2007	1 168	283	50.09%	861	45.66%
2008	1 184	310	51.07%	917	45.36%
2009	1 215	326	51.02%	965	44.99%
2010	1 246	310	46.90%	966	43.29%
2011	1 280	325	47.7%	959	41.53%
2012	1 297	315	45.7%	964	40.30%
2013	1 321	318	45.5%	974	39.45%
2014	1 327	338	46.9%	1007	39.51%

注：表中学校数、招生数、在校生数来自于中华人民共和国门户网站 http://www.moe.gov.cn/s78/A03/moe_560/s8492/，教育统计数据(1998—2014)。其中，1998 年的高职高专各指标数据是根据当年的高专学校和短期职业大学数计算而来。

从表 2-2 可以看出，1998—2014 年期间，我国普通高职学校数、招生数、在校生数均成倍增长。自我国高校扩招以来，招生数从 43 万人增长到 338 万人，增长了 686%；在校生数从 117 万到 1 007万，增长了861%。1998 年，高职院校在校生规模仅占全国普通高等学校的34.41%；经过 16 年的发展，2014 年我国普通高职招生数达到 338 万，在校生数达到 1007 万，分别占同期高等院校招生数和在校生数的比例为 46.9%、39.51%，我国高职教育规模累计增长近九倍，远远高于中等职业教育规模发展速度。

三、职业教育质量现状

随着职业教育的大众化进程，在校生规模不断扩大，我国职业教育生均办学条件不足，严重影响我国职业教育的质量提升。数据表明，21 世纪以来我国职业院校的规模发展远远超过全国普通高中和普通高等学校的规模发展速度。无论是中等还是高职教育，在校生数已占到全国中等和高等教育在校生数的半数左右。近几年，虽然政府不断加大对职业教育的投入，但办学规模的急剧膨胀导致职业教育各项生均办学资源紧张，使得我国职业教育办学质量和健康持续发展面临危机。

职业教育是需要高投入的教育，教学过程需要大量先进、完备、仿真的设备设施，以及配套的实训场地。在办学规模相当时需要比相应阶段普通教育更多的经费支持，才能保证其正常运转，但许多职业院校没有足够的资金购置实训设备、建立实训基地，生师比居高不下，很难培养出适应社会需要的高素质技能型人才。2014 年，我国中等职业学校生师比为 21.34：1，远高于普通高中 14.44：1 的生师比指标，大多数省区达不到生师比基本标准，这在一定程度上反映了我国中等职业教育的生均教育资源严重不足，也反映出各级政府对中等职业教育的重视程度不够。同样，教育资源不足的现状存在于高职教育阶段，目前我国高职教资源基础数据的大多数指标远低于普通本科教育的同类指标。作为对实训条件要求较高的职业教育，其生均教学设备远低于普通本科教育，可见我国职业教育生均办学条件有待大幅提高。

2012 年，教育经费支出占 GDP 之比 20 年来首超 4%，实现了 2010 年中央政府三年内教育财政投入达到 GDP 4%的承诺，职业教育经费投入也再上新台阶。但这些钱是否"花到了刀刃上"，答案似乎并不确定。针对这一问题，教育部提出用两到三年时间分别建立和完善各级各类学校的生均财政拨款基本标准，实现"按人头拨款"，控制因权力等介入教育经费分配，确保教育拨款的公平性。国家投入大量资金进行的各项职业教育示范院校、重点专业等建设项目，并非仅为"示范"建设，而是希望以"点"带"面"，提高职业院校进行专业建设和内涵提升的积极性，促进职业教育质量的全面提升。但现实中，职业教育资源配置的"马太效应"凸显，严重影响职业教育质量的全面提高和教育公平的实现。有些重点或示范学校或接近权力中心的学校，校舍与设备等条件本已不错，但依然得到更多的财政支持；相反，大量普通职业院校资金短缺，实验设备与材料严重不足，生师比居高不下。我国职业教育基础差、底子薄，需要的是"雪中送炭"式的普惠投入政策，以促进教育质量全面提升。

2011 年，教育部颁布了《关于推进中等和高职教育协调发展的指导意见》、《关于推进高职教育改革创新引领职业教育科学发展的若干意见》和《关于充分发挥职业教育行业指导作用的意见》三个重要文件，引导职业院校人才培养质量的全面提高。2012 年，高职教育人才培养质量年度报告指出，要重视政府统筹，充分发挥政策调控与资源配置作用，建立教育与行业对接协作机制。要求制定和落实高等职业学校学生人均经费基本标准和学生人均财政拨款基本标准，使高职学校逐步实现生均预算内拨款标准达到本地区同类普通本科院校的生均预算内经费标准，进一步明确和落实政府、学校、行业、企业等的法律责任和权利，提高行业企业参与高职教育的积极性，为区域经济社会发展提供人才支撑和智力支持。首次明确提出，各地和各高等职业学校都要建立人才培养质量年度报告发布制度，不断完善人才培养质量监测体系。

2011 年，国家加快推进地方政府促进高职教育发展综合改革试点工作，以地方政府制定资源配置向职业教育倾斜政策，确保高职生均经费投入、高等职业学校专项办学经费等足额到位，改善高职院校的办学条件，提升高职院校服务区域经济的能力等为改革试点的突破口，取得了明显成效。

2012 年，出台高职教育生均拨款标准的省区达到 10 个，辽宁、上海、江苏、浙江、福建、河南、湖南、重庆、新疆等省（区、市）出台相关文件，制定了职业教育生均拨款标准，为职业教育发展提供了有力保障。教育部职业教育与成人教育司司长葛道凯指出：高职院校生均拨款全面实施将是大势所趋。

2013 年，湖北省教育厅、财政厅印发了《关于进一步提高公办高职院校生均财政拨款水平的通知》（鄂教财〔2013〕14 号），明确提出全日制公办高职院校生均财政投入目标。2014 年，财政部、教育部印发《关于建立完善以改革和绩效为导向的生均拨款制度加快发展现代高职教育的意见》（财教〔2014〕352 号），明确规定 2017 年各地高职生均拨款不低于 12 000 元。可见，尽快建立职业教育的生均拨款机制，对职业教育的发展具有十分重要的意义。截至 2015 年 12 月，全国 31 个省份全部建立高职院校生均拨款制度。

与此同时，许多省市设立专项支持职业教育人才培养质量提升，如山东省财政设立的校企合作专项资金、辽宁省的职业教育创新型实训基地专项资金、上海市的校企合作项目、湖南的"两型园区"建设专项经费等。教育部、财政部在建设 100 所国家示范性高职院校的基础上，实施进一步推进国家示范性高职院校建设计划，中央财政投入 20 亿元，分三批建设 100 所骨干高职院校。近两年，中央又投入大量资金用于全国所有高职院校重点建设 1~2 个专业。通过这些项目的实施，引导职业院校创新办学体制机制，以专业建设为核心加强内涵建设，提高人才培养质量，有效拉动中西部地区职业教育发展，带动了学校建立重点专业的积极性。2014 年《国务院关于加快发展现代职业教育的决定》（国发〔2014〕19 号）提出构建现代职业教育体系，激发职业教育办学活力，提高人才培养质量。该决定阐述了职业教育的人才培养模式创新、建立健全课程衔接体系、建立"双师型"教师队伍、提高信息化水平、加强国际交流与合作等方面，将人才培养质量作为加快发展现代职业教育的核心内容。2014 年，教育部等六部委印发的《现代职业教育体系建设规划（2014—2020 年）》（教发〔2014〕6 号）也将职业教育的质量作为重要内容，提出要健全职业教育质量评价制度，完善学校、行业、企业、研究机构和其他社会组织共同参与的职业教育质量评价机制，积极支持各类专业组织等第三方机构开展质量评估。

第二节　职业教育经费投入的现状

2006 年，国务院提出并启动了被称为"高职 211"的"百所示范性高职院校建设工程"，标志着我国职业教育从规模扩张阶段进入到内涵建设阶段，因此笔者将研究定位于 2005 年以来职业教育经费投入情况及成本分担现状的研究。所采集的数据主要来自于 2005—2014 年期间教育部财政司、国家统计局社会、科技统计司著的《中国教育经费统计年鉴》以及国家统计局编著的《中国统计年鉴》。

对职业教育经费投入及成本分担现状情况的分析，不仅需要从教育经费的总量、各构成项目所占比例方面着手，还要重点考察各构成项目的增长率指标、生均指标，这样才能了解它们变化的方向、趋势。因此，本书主要从教育经费的总量与生均指标、经费来源构成及比例、增长率及区域差异指标等多个方面分析我国职业教育经费投入及教育成本分担现状。

一、高职教育经费投入总量及变化趋势

(一)高职教育经费收入的总体变化趋势

表 2-3、图 2-1 数据显示了实行职业教育成本分担政策之后,我国职业教育经费来源的总体变化情况,教育经费来源中财政经费、学杂费及其他来源教育经费的变动情况。2005—2013 年期间,我国高职教育总经费的总体水平呈现出比较快的增长趋势。从 2005 年的 3 705 365 万元增长为 2013 年的 14 234 334 万元,增长了 284%,年均增长率为 18.3%。但这一期间的高职教育经费总额的环比增长率从 2006 年的 32.0%下降到 2010 年的 13.8%,其环比增长率呈逐年递减趋势,具体数据见表 2-3。图 2-1、图 2-2 更加直观地反映了高职教育经费的快速增长趋势及增长率的下降趋势。

(二)各项教育经费收入的增长情况及变化趋势

我国高职教育经费来源主要包括国家财政性教育经费、学杂费等事业收入、民办学校举办者投入、社会捐赠、其他收入等方面。其中,财政性教育经费、学杂费是我国高职教育最主要的经费来源,因此本节将高职教育经费分为财政性教育经费、学杂费和其他来源教育经费三项。

自 2005 年以来,我国高职教育经费总体上出现快速增长趋势,财政性教育经费和学杂费这两项经费均出现较快的增长趋势,而其他来源的经费处于相对平稳的变化态势。环比增长率与年均增长率指标是分析教育经费增长情况的重要指标,此处通过各项教育经费的增长率来分析这一时期高职教育经费投入的增长情况及变化。

如表 2-3 所示,高职教育总收入从 2005 年 3 705 365 万元增长为 2013 年的 14 234 334 万元,增长了 284%,年均增长率为 18.3%。其中,财政性教育经费从 2005 年的 1 186 233 万元增长为 2013 年的 8 106 600

万元，增长了 583%，年均增长率为 27.15%；学杂费从 2005 年的
1 472 802 万元增长为 2013 年的 4 575 027 万元，增长了 210%，年均增
长率为 18.22%。财政性教育经费及学费之外其他来源的教育经费合计
数从 2005 年的 1 046 330 万元增长为 2013 年 1 552 707 万元，仅增长了
48%，年均增长 5.05%。

表 2-3　　　　　　　2005—2013 年高职教育经费及其变化情况 （单位：万元）

年份	国家财政教育经费	学杂费	其他来源经费合计	教育经费收入合计	财政教育经费环比增长率(%)	学杂费环比增长率(%)	其他来源经费环比增长率(%)	经费总收入环比增长率(%)
2005	1 186 233	1 472 802	1 046 330	3 705 365	—	—	—	—
2006	1 575 879	1 894 437	1 420 620	4 890 936	32.8%	28.6%	35.8%	32.0%
2007	2 323 771	3 020 237	971 760	6 315 768	47.5%	59.4%	-31.6%	29.1%
2008	3 349 892	3 622 280	1 055 725	8 027 897	44.2%	19.9%	8.6%	27.1%
2009	3 969 714	4 021 813	1 219 656	9 211 183	18.5%	11.0%	15.5%	14.7%
2010	4 916 257	4 359 065	1 239 569	10 514 891	23.8%	8.4%	1.6%	14.2%
2011	6 748 247	4 450 800	1 308 845	12 507 892	37.3%	2.1%	5.6%	19.0%
2012	—	—	—	—	—	—	—	—
2013	8 106 600	4 575 027	1 552 707	14 234 334	20.1	2.8	18.6	13.8
年均增长率					27.15%	15.22%	5.06%	18.32%

　　注："其他来源经费"是指除财政性教育经费、学杂费这两项主要经费来源之外的其
他经费来源项目。其中 2013 年中国教育经费统计年鉴尚未出版，以上 2012 年相关数据
空白。

　　图 2-1、图 2-2 更加直观地反映了这种变化，高职教育总经费、国
家财政性教育经费、学杂费这三组数据曲线都向右上方倾斜，显示三者
都处于快速增长之中。但财政性教育经费从 2005 年较低水平以更加陡

峭的斜率向上倾斜，与高等教育总经费的变化态势更趋一致；与财政性教育经费相比，同期的学杂费则呈现出相对比较温和的增长。从表 2-3 可以看出，2005—2013 年财政性教育经费及学杂费的增长率均在 2007 年迅速提高到最高水平，分别为 47.5% 和 59.4%。笔者认为，这一现象与我国高职教育的大幅扩招、内涵建设项目的全面启动有较大关系；之后学杂费的增长率呈现出大幅下降的趋势，财政性教育经费的增长率自 2009 年以来则出现稳步上升的趋势，到 2011 年两者的增长率分别为 2.8% 和 20.1%。可见，学杂费的增长速度明显放缓，而财政性教育经费依然保持了相对较高的增长率，使得财政性教育经费逐渐成为我国高职教育最重要的经费来源。

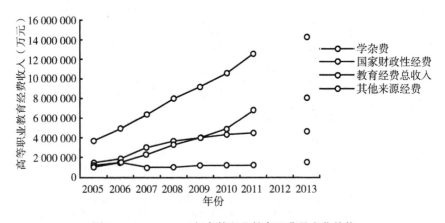

图 2-1　2005—2013 年高等职业教育经费及变化趋势

通过计算，我们发现高职财政性教育经费的年均增长率为 27.15%，比高职教育总经费的年均增长率 18.32% 高出 8.8 个百分点，比学杂费的年均增长率 15.22% 高出 11.9 个百分点，而其他来源教育经费年均增长率仅为 5.05%。由此可见，财政性教育经费的高增长成为这一期间高职教育经费收入增长的主要推动力。正是因为 2005 年以来政府加大了对高职教育的投入力度，才使得财政性教育经费所占份额快速增加，而学杂费所占份额自 2007 年达到 47.82% 后逐年递减，到

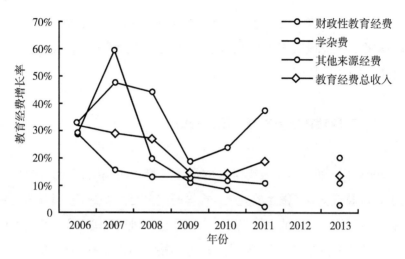

图 2-2 高等职业教育经费环比增长率

2013 年财政性教育经费在高职教育经费中所占份额 56. 95% 已经远远超过学杂费所占份额 32. 14%；其他来源的教育经费所占比例不大，从 2005 年的 28. 24% 快速下降至 2013 年的 10. 91%。图 2-3 更加形象地反映各种来源的教育经费在高职教育经费中所占份额的这种关系及变化趋势。

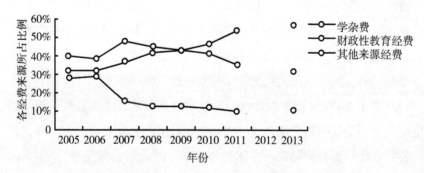

图 2-3 各项经费来源占高等职业教育经费的比例及变化趋势

可见，在其他来源教育经费相对稳定的前提下，学杂费和国家财政经费存在此消彼长的关系，这种变化也与世界大多数国家高等教育经费来源的变化趋势相一致。这一变化，也反映出我国政府近些年对高职教育的重视，政府投入不断增加，国家财政性教育经费对我国高职教育发展的影响力不断增强。

二、高职教育经费来源的结构分析

2005 年以来，高职教育学校的招生规模、在校生人数大幅增加，高职教育规模发生了很大的变化。根据研究需要，按中国统计年鉴、中国教育经费统计年鉴的统计口径，选取了这一时期我国高职教育经费中国家财政性教育经费、事业收入、民办学校举办者投入、社会捐赠及其他教育经费等项目数据，并计算出各项经费收入占高职教育经费总收入的比例以分析高职教育经费来源结构，具体数据见表 2-4。

(一)教育经费收入结构的总体分析

我国高职教育经费来源于国家财政性教育经费、事业收入(含学杂费)、民办学校举办者投入、社会捐赠、其他教育经费等方面。财政性教育经费和事业收入是高职教育投入增长的主要来源，其他来源的教育经费所占份额相对较小。2005—2013 年，高职教育经费的总收入处于快速上升通道，教育经费的各项来源大多处于上升趋势。财政性教育经费、学杂费是我国高职教育最主要的经费来源，这两项经费均出现较快的增长趋势，其他来源的经费处于相对平稳的变化态势。

从表 2-4 可以看出，财政性教育经费占高职教育经费总收入的份额呈现出大幅增长趋势，从 2005 年的 32.0%增长为 2013 年的 56.7%，其中公共财政预算教育经费占主体地位，高达财政性教育经费的 91.7%。这一期间，高职教育的事业收入逐年增加，占高职教育总收入的比重波动较小，总体上保持在 50%左右的水平，2011 年之后由于财政性教育经费所占比例较大幅度上升，导致事业收入所占比重下降，2013 年这一比例下降为 37%，其中学杂费占事业收入的比重保持在 85%左右，

表2-4　2005—2013年高职教育经费来源及占总收入的比重

（单位：万元）

年份	2005	2006	2007	2008	2009	2010	2011	2013
合计	3 705 365	4 890 936	6 315 768	8 027 897	9 211 183	10 514 891	12 507 892	14 523 947
国家财政性教育经费	1 186 233 32.0%	1 575 879 32.2%	2 323 771 36.8%	3 349 892 41.7%	3 969 714 43.1%	4 916 257 46.8%	6 748 247 54%	8 236 695 56.7%
#公共财政预算教育经费	1 103 189 29.8%	1 447 863 29.6%	2 170 128 34.4%	3 028 181 37.7%	3 630 399 39.4%	4 425 530 42.1%	6 104 458 48.8%	7 552 460 52%
民办学校中举办者投入经费	603 528 16.3%	839 328 17.2%	84 761 1.3%	126 434 1.6%	176 676 1.9%	145 682 1.4%	140 951 1.1%	198 302 1.4%
社会捐赠收入	12 449 0.34%	9 208 0.19%	25 951 0.41%	26 544 0.33%	29 331 0.32%	29 317 0.28%	26 726 0.21%	39 576 0.27%
事业收入	1 760 357 47.5%	2 261 127 46.2%	3 540 087 56.1%	4 134 478 51.5%	4 639 889 50.4%	4 993 264 47.5%	5 073 051 40.6%	5 386 324 37%
#学杂费	1 472 802 39.7%	1 894 437 38.7%	3 020 237 47.8%	3 622 280 45.1%	4 021 813 43.7%	4 359 065 41.5%	4 450 800 35.6%	4 654 872 32%
其他教育经费收入	142 798 3.9%	205 394 4.2%	347 099 5.5%	390 549 4.9%	395 574 4.3%	430 371 4.1%	518 918 4.1%	663 050 4.6%

注：表中数据来自于《中国教育经费统计年鉴(2005—2013)》。#表示经费收入中的主要项目。

2013 年这一比例为 86.4%；民办学校举办者经费投入比重波动较大，2007 年此项经费迅速萎缩至84 761万元，仅为 2006 年的 10%，在总收入中所占比重从 17.1%降至 1.3%，之后一直徘徊在 2%以下的低水平；社会捐赠资金占总收入的比重相对稳定，占总收入的比重仅为 0.3%左右；其他收入占总收入的比重不太，为 3.9%~5.5%。2013 年，我国高职教育经费来源的结构图如图 2-4 所示。

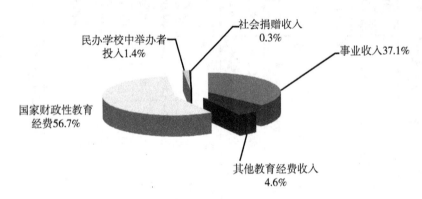

图 2-4　2013 年高职教育经费来源结构图

(二)财政性教育经费的投入及结构

我国高职教育财政性教育经费由公共财政预算教育经费、各级政府征收用于教育的税费、企业办学中的企业拨款、校办产业和社会服务用于教育的经费、其他财政性经费等项目组成。

1. 公共财政预算教育经费与政府征收用于高职教育的税费

国家财政性教育经费拨款中，预算内财政教育经费、各级政府征收的教育税费是政府直接核拨投入高职院校的教育经费，这两种经费的投入情况可以直接反映政府对高职教育经费投入的努力程度。

表 2-5 可以看出，预算内财政教育经费和各级政府征收的教育税费两者占财政性教育经费的比例有一定变化，但两者之和占财政性教育经费的比重基本持平。其中，2007 年预算内财政教育经费比重较高，

2008年后这一比重有所下降，但政府征收用于高职教育的税费有较大幅度的增加。2007—2011年预算内教育经费分别为：2 170 128万元、3 028 181万元、3 630 399万元、4 425 530万元、6 104 458万元，占国家财政性教育经费的比率分别为93.4%、90.4%、91.5%、90.0%、90.5%，2 013年预算内教育经费为7 552 460万元，占国家财政性教育经费比重为91.7%，2007—2011年公共场财政预算教育经费及各级政府征收用于教育的税费两者之和均为97%左右，2013年两者之和达到98%。

通过以上数据分析，我们发现政府通过重新划分教育税费用于各类教育机构的比例，改变了经费增长的投入结构，保证了国家财政性教育经费的逐年递增。2007—2011年政府征收用于各类高职院校的教育税费从86 800万增长为2011年的461 542万元，四年中激增431%，2013年政府征收用于各类高职院校的教育税费增长为525 380万元。

表2-5　　　　**2007—2013年财政性教育经费来源结构表**　　（单位：万元）

年份	2007	2008	2009	2010	2011	2012	2013
财政性教育经费	2 323 771	3 349 892	3 969 714	4 916 257	6 748 247		8 236 695
预算内财政教育经费	2 170 128 93.4%	3 028 181 90.4%	3 630 399 91.5%	4 425 530 90.0%	6 104 458 90.5%		7 552 460 91.7%
征收用于教育的税费	86 800 3.7%	220 840 6.6%	221 042 5.6%	340 638 6.9%	461 542 6.8%		525 380 6.4%
企业办学中的企业拨款	58 054 2.5%	94 006 2.8%	100 490 2.5%	132 708 2.7%	157 344 2.3%		127 259 1.6%
校办产业和社会服务用于教育的经费	8 789 0.4%	6 864 0.2%	17 782 0.4%	11 693 0.2%	16 456 0.2		20 047 0.2%
其他财政性经费	0 0	0 0	0 0	5 689 0.10%	8 448 0.13%		11 548 0.14%

注：表中数据来自于《中国教育经费统计年鉴(2007—2013)》，或根据其中数据计算而来。

可见，政府通过宏观调控，大幅增加教育税费用于高职教育的比例，改变以往单纯依靠预算内教育经费的增长支撑高职财政性教育经费总体增长的情况，这也体现了政府宏观调控的教育经费灵活性和及时性。

2. 校办产业和社会服务用于教育的经费

高职教育校办产业和社会服务收入，是高职教育成本分担的经费来源之一，主要来自学校科研和为社会服务。从表 2-5 可以看到，我国高职教育国家财政性教育经费投入中，校办产业和社会服务用于教育的经费所占比重较小。2007—2011 年，校办产业和社会服务用于教育的经费占国家财政性教育经费的百分比分别为 0.4%、0.2%、0.4%、0.2%、0.13%，2013 年这一比例为 0.2%。教育部、科技部每年公布的数据表明，校办产业日常经营范围中大多数项目与学校科研和社会服务项目无关，所获利润中用于高职教育的份额也逐渐减少。因此，加强对高职院校的校办产业、社会服务收入的管理显得尤为重要。

3. 企业办学中的企业拨款

如表 2-5 所示，2007—2011 年期间企业办学中的企业拨款这一经费来源占高职教育财政性教育经费的比例为 2.5%~2.8%，占整个高职教育经费总收入的比例为 0.92%~1.26%。2013 年企业办学中的企业拨款这一经费来源占高职教育财政性教育经费的比例为 1.6%，占整个高职教育经费总收入的比例为 0.88%，对高职教育经费总收入的贡献不大。从总量上看，企业拨款的经费逐年上涨，但增长的速度比较缓慢。

企业办高职教育中，学杂费是其经费收入的主要来源。据统计，2007—2013 年期间我国企业办高职教育总收入大幅增长。其中，每年学杂费收入占企业办学总收入的比例分别为 43.5%、44.4%、46.7%、44.2%、27.7%、30.7%；企业拨款占其办学总收入的比例分别为 29.6%、30.8%、27.7%、28.6%、21%、21.1%（具体数据见表 2-6），企业拨款所占比例呈现逐年下降趋势。这一期间，企业办高职院校学杂费占其总收入的比例均超过企业拨款所占比例。

2007 年以来，各级政府不断加强对企业办学的支持力度，加快了校企合作配套政策的落实。企业办高职学校的收入中，财政性教育经费出现大幅增长，政府对企业办高职院校投入的预算内教育经费和征收用于高职教育的税费分别增长了 491% 和 946%。这一期间财政性教育经费占企业办高职院校教育经费收入的比重急速上升，2011 年这一比例为 5.7%，2013 年达到 21.1%。在企业拨款和学杂费所占比例均出现了较大幅度下降的情况下，财政性教育经费的大幅增长在一定程度上减轻了学生及家庭的经济负担。

表 2-6   **2007—2013 年企业办高职院校经费收入**
占总经费比例   （单位：万元）

年份	2007	2008	2009	2010	2011	2012	2013
教育经费合计	196 128	305 047	362 398	463 437	750 203		603 010
财政性经费所占比例	5.7%	14.9%	13.6%	14.4%	38.9%		21.2%
企业拨款	29.6%	30.8%	27.7%	28.6%	21.0%		21.1%
财政与企业拨款比例合计	35.3%	45.7%	41.3%	43.1%	59.9%		42.3%
事业收入	54.3%	48.5%	54.9%	50.5%	33.6%		40.6%
#学杂费	43.5%	44.4%	46.7%	44.2%	27.7%		30.7%
校办产业和社会服务用于教育的经费	1.50%	0.30%	0.60%	0.90%	0.34%		0.64%
捐赠收入	0.01%	0.02%	0.16%	0.04%	0.01%		0.45%
其他收入	8.83%	5.42%	3.06%	5.54%	6.15%		16.06%

注：表中数据来自于《中国教育经费统计年鉴（2007—2013）》，或根据其中数据计算而来。#表示经费收入中的主要项目。

（三）事业收入与学费收入

事业收入是高职院校教育经费重要来源之一，学杂费是事业收入的

主要构成部分。如表 2-4 所示，2005 年，高职院校事业收入为
1 760 357万元，2013 年增加到5 386 324万元，是 2005 年的 3.06 倍，
其中学杂费从 2005 年的1 472 802万元增加到 2013 年的4 654 872万元，
增长了 3.16 倍，可见学杂费成为事业收入增长的主要原因。学杂费总
收入及其所占比例的增长，与近几年高职院校在校生人数的大幅增加有
直接关系。虽然学杂费总金额不断增长，但增长率却在 2007 年后出现
持续大幅下滑，2007—2011 年学杂费增长率分别为59.4%、19.1%、
11%、8.4%、2.1%。由表 2-4 可以得出，2005—2007 年间事业收入占
总经费收入的比例持续上升，2007 年这一比例高达 56.1%，之后学杂
费占总收入的比重持续持续下降，2013 年这一比例降至 37%。

　　通过以上数据对比分析我们不难发现，近年来各级政府对高职教育
的财政投入大幅增加，财政性高职教育经费的增长速度明显快于其事业
收入的增长。这说明，政府对高职教育的投入力度有增大的趋势，而事
业收入增长速度有减缓的趋势，但学杂费仍然是我国高职教育的主要经
费来源，且在事业收入中所占比重有上升趋势。

(四)民办学校举办者投入经费

　　民办学校是高职教育的一种办学类型，2005 年以来我国民办高职
院校快速发展，从 223 所增加到 297 所，在校生人数也从 110 万上升为
196 万(不含独立院校专科生)，占全国高职院校总人数的比例也由 15%
逐渐增长为 20%，可见民办高职院校在我国高职教育中扮演着越来越
重要的角色。2005—2013 年，我国民办高职院校中举办者投入经费占
全国高职院校总收入的比例分别为 16.3%、17.2%、1.3%、1.6%、
1.9%、1.4%、1.1%、1.4%(见表 2-4)，这一比例自 2007 年出现了大
幅下降，举办者投入经费已经不再是我国高职教育经费收入的主要
来源。

　　民办高职院校中，学杂费是其经费收入的主要来源。据统计(见表
2-7)，2007—2013 年我国民办高职院校总收入有一定幅度的增长，从

1 127 620万元增长到1 836 801万元。各级财政对民办高职院校投入逐年增长，占民办院校总收入的比重从2.5%增加到11.1%；而举办者投入经费增长缓慢，虽然有一定的增长，但增长幅度十分有限；事业收入超过其总收入的80%，其中学杂费占总收入的比例一直高居不下，连续四年均在75%以上，2013年这一比例出现了一定幅度的下降，依然占总收入的66.7%，占其整个事业收入的比例超过95%。可见，民办高职院校对事业收入特别是学杂费的依赖程度非常高。

表2-7　　　　　　　民办高职院校经费收入及构成情况　　（单位：万元）

年份	2007	2008	2009	2010	2011	2012	2013
教育经费总计	1 127 620	1 228 958	1 432 075	1 517 483	1 437 407		1 836 801
财政性教育经费	2.5%	3.8%	4.7%	7.9%	8.7%		11.1%
学杂费	77.3%	77.6%	75.4%	75.3%	74.4%		66.7%
举办者投入	7.5%	10.3%	12.3%	9.6%	9.8%		10.8%

注：表中数据来自于《中国教育经费统计年鉴（2007—2013）》，或根据其中数据计算而来。

图2-5数据显示，我国民办高职院校经费收入的主要渠道过于单一，事业收入占总收入的比重较大，随着各级财政对民办教育的支持力度加大，这一比重有所下降，但2013年这一比例仍然超过70%，成为其最重要的经费来源。国家财政性教育经费、民办学校举办者投入、社会捐赠、校办产业及经营收入用于教育的经费、其他收入五项之和占总收入的比例较低，近些年虽然这一比例有所上升，2011年这一比例也仅为29.9%。

近些年，民办高职院校的经费收入中，财政性教育经费所占比重有所上升，由2007年的2.5%提高到2013年的11.1%，而学杂费所占比例有所下降。总体来说，财政性教育经费、民办学校举办者投入、校办产业等经费收入较少，导致我国民办高职院校过分依赖于事业收入中的学杂费，民办高职院校的学生个人及家庭的经济负担较重。

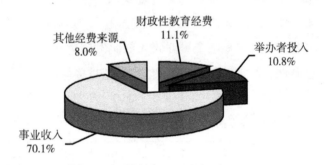

图 2-5　2013 年民办高职院校经费收入构成

(五)社会捐赠收入

如表 2-4 所示，目前我国社会捐赠占高职教育经费总收入的比例并不高，2013 年全国高职教育经费收入中社会捐赠收入为 39 576.1 万元，占其总收入14 523 947.2万元的比例仅为 0.27%，对总收入的贡献不大，与本科相比仍有较大差距，且呈现出下降趋势。从表 2-4 可以看出，2005 年以来我国高职院校经费收入中社会捐赠金额呈出增长趋势，其中 2006—2007 年捐赠额激增 182%。但不同地区、不同属性的高职院校社会捐赠的情况也有很大差异，有较大的随机性。

1. 不同属性的高职院校社会捐赠收入情况

根据目前我国高职院校办学管理体制，将高职院校划分为中央部门办、地方部门办、企业办及民办四种属性。在四种不同属性的高职院校中，中央部门高职院校 2008—2010 年的捐赠收入均为零，2011 年为153 万元，所占比例为 0.15%，2013 年增长为 544.6 万元，占其总收入的0.47%。地方部门高职院校社会捐赠收入较多且相对比较稳定，2011年捐赠金额达到21 732.2万元，占经费总收入的 0.21%，与当年全国高职院校捐赠收入占比 0.21% 的平均水平一致，2013 年地方部门办高职院校捐赠金额为 18 985.6 万元，占经费总收入的 0.16%，远低于当年全国高职院校捐赠收入占比 0.27% 的平均水平。与地方部门高职院校相比，民办和企业办高职院校的社会捐赠较不稳定，每年均有较大幅度的波动。2011 年民办和企业办高职院校的社会捐赠分别占其总收入的 0.32% 和 0.015%，2013 年民办和企业办高职院校的社会捐赠收入出现较大幅度的增长，比 2011 年分别增长 3.67 倍和 24.23 倍，占其总收入的比例达到 0.94% 和 0.45%，远高于全国高职院校捐赠收入占比 0.27% 的平均水平，具体数据见表 2-8。

表 2-8　　**2008—2013 年不同属性高职院校捐赠收入情况**　　（单位：万元）

年份	中央部门办高职院校	地方部门办高职院校	企业办高职院校	民办高职院校
2008	0	24 887.7	69.0	1 587.5
2009	0	21 719.0	553.7	7 048.0
2010	0	25 955.7	199.3	3 162.0
2011	153.0	21 732.2	111.6	4 729.0
2012	—	—	—	—
2013	544.6	18 985.6	2 703.9	17 342

注：表中数据来自于《中国教育经费统计年鉴（2008—2013）》。

2. 不同地区的高职院校社会捐赠收入情况

为进一步分析不同地区高职院校社会捐赠收入的具体情况，本书采集了 2008—2013 年各省市高职教育社会捐赠收入数据，按行政区域将其划分为华北、东北、华东、中南、西南、西北六个地区，分别按地区进行捐赠总收入与生均捐赠收入的计算，结果如表 2-9 所示。

表 2-9　　　　2008—2013 年不同地区高职院校捐赠收入情况

收入年份 地区	捐赠收入合计(万元)					生均捐赠收入(元)			
	2008	2009	2010	2011	2013	2008	2009	2010	2013
华北地区	1 048.9	92.1	1 397.8	496.6	2 830	8.40	0.72	10.99	22.49
东北地区	5.2	434.7	719.0	273.7	745	0.08	6.47	10.85	11.54
华东地区	9 344.5	19 213.7	9 776.4	16 830	21 876	29.72	58.89	30.46	70.94
中南地区	4 952.1	3 611.5	4 501.1	4 607	8 081	19.00	12.84	15.71	28.10
西南地区	2 856.3	5 072.8	2 608.4	4 033	5 410	32.51	54.18	26.88	47.53
西北地区	8 337.2	75.9	10 314.3	486	634	129.43	1.11	151.05	8.63

注：表中数据根据《中国教育经费统计年鉴(2008—2014)》的各地区高职院校捐赠收入和相应学生数计算而来。其中，学生数来自于中华人民共和国门户网站 http：//www. moe. gov. cn/s78/A03/moe _ 560/s8492/，教育统计数据（2008—2013）。

从捐赠总量来看，华东、西北、中南、西南、华北、东北依次递减，华东地区受捐赠金额超过其他地区数倍，且相对比较稳定，每年各省市均受到一定数额的捐赠。其他地区总量相对较少，且有激增激减、省市间极不平衡等现象，偶然性较大。从生均指标来看，华东地区和西南地区相对较稳定，如图 2-6 所示。可见，我国高职教育社会捐赠收入主要来自在经济比较发达的地区及省市。

三、高职教育经费收入的生均指标

更多的生均教育经费投入能够保证在教育活动中使用更好的教学师资、教学设备和实训场地，从而可能取得更好的教学效果，提高人才培养质量，因此研究教育经费的生均指标至关重要。尤其是我国在实施高等教育成本补偿政策后，1999 年进行了高等教育大规模扩招，高职教育在校生规模快速扩张。2006 年，国务院正式启动被称为"高职211"

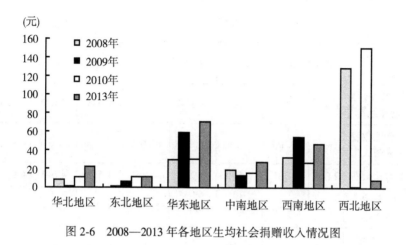

图 2-6 2008—2013 年各地区生均社会捐赠收入情况图

的"百所示范性高职院校建设工程",标志着我国高职教育进入以内涵建设为主的深入发展阶段。因此,以 2005 年作为起点对高职教育生均经费指标进行分析有其重要的现实意义。

(一)高职教育经费的生均指标

高职教育经费的生均指标,是通过国家统计局公布的各类学校教育经费情况表及各类学校在校生人数等数据计算而来。利用表 2-2、表2-3 的相关数据计算出的高职教育生均学杂费、生均财政性教育经费、生均教育经费收入及其增长率指标,具体见表 2-10。生均教育经费收入从 2005 年的5 197 元到 2013 年的14 614 元,生均财政性教育经费收入从 2005 年的1 664 元到 2013 年的8 323 元,生均学杂费从 2005 年的2 066 元到 2013 年的4 096 元,分别增长了 2.81 倍、5 倍、1.98 倍。可见,财政教育经费的增长成为高职教育经费来源的重要方面。

计算结果表明,高职教育生均教育经费和生均财政性教育经费、生均学杂费在 2005—2013 年期间是持续增长的,生均其他来源的教育经费在 2007 年出现较大幅度的下降,之后一直处于相对平稳的增长趋势。图 2-7 更加形象地反映了这一趋势。

表 2-10　　　**2005—2013 年高职教育经费收入的生均指标**

及环比增长率　　　（单位：元）

项目＼年份	2005	2006	2007	2008	2009	2010	2011	2013
生均财政性教育经费	1 664	1 981	2 700	3 654	4 115	5 088	7 037	8 323
财政性教育经费增长率	—	19.1%	36.3%	35.3%	12.6%	23.7%	38.3%	—
生均学杂费	2 066	2 381	3 509	3 951	4 169	4 512	4 641	4 697
学杂费增长率	—	15.3%	47.4%	12.6%	5.5%	8.2%	2.9%	—
生均其他来源经费	1 468	1 786	1 129	1 152	1 264	1 283	1 365	1 594
其他来源经费增长率	—	21.7%	-36.8%	2%	9.8%	1.5%	6.4%	—
生均教育经费	5 197	6 148	7 339	8 756	9 547	10 883	13 043	14 614
生均教育经费增长率	—	18.3%	19.4%	19.3%	9%	14%	19.8%	—

注：表中数据根据《中国教育经费统计年鉴（2005—2013）》的教育经费数据和相应学生数计算而来，其中学生数来自于中华人民共和国门户网站 http://www.moe.gov.cn/s78/A03/moe_560/s8492/，教育统计数据（2005—2013）。

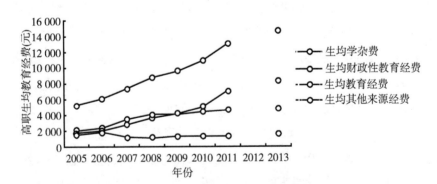

图 2-7　高职生均教育经费变化趋势图

(二)高职教育经费收入生均指标的年均增长率

对以上生均经费收入进行年均增长率的计算分析发现，2005—2013年间高职教育生均经费收入的年均增长率为 13.8%，其中生均学杂费年均增长率为 10.8%，远低于生均财政性教育经费 27.2% 的年均增长率水平，而生均其他教育经费的年均增长率仅为 1.04%（具体见表2-11）。数据表明，2005 年以来政府加大了对高职教育的财政投入力度，财政性教育经费的高速增长逐渐成为我国高职教育经费快速增长的重要因素。

表 2-11　**2005—2013 年高职教育经费总收入及生均指标的年均增长率**

项　　目	学杂费	财政经费	其他来源经费	高职教育经费
各项教育经费收入年均增长率	15.2%	27.2%	5.06%	18.3%
生均教育经费年均增长率	10.8%	22.3%	1.04%	13.8%

注：表中数据根据《中国教育经费统计年鉴（2005—2013）》的相关数据计算而来。

由于 2005—2013 年期间高职教育招生人数的大幅增加，在校生人数从 713 万人快速增加到 974 万人，导致各项教育经费生均指标的增长率均低于各项教育经费收入的增长率（见图 2-8）。例如，高职教育财政性经费收入指标的年均增长率为 27.2%，而其生均指标的年均增长率仅为 22.3%。这一现象也从一个侧面反映出我国高职教育生均经费的增长速度跟不上高职教育规模的发展速度，跟不上高职教育规模发展对教育经费的要求。

(三)高职教育经费生均指标的环比增长率

八年来，高职教育经费生均指标保持了 13.8% 年均增长率，但由于 2009 年财政性教育经费及学杂费的环比增长率均出现了较低水平，

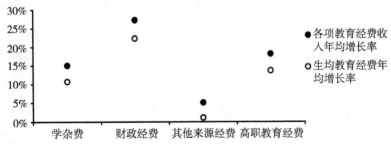

图 2-8　2005—2013 年高职教育经费年均增长情况图

导致当年高职教育经费总量的环比增长率也大幅下降至 9%。2007 年是各种生均经费增长率的拐点，生均其他来源经费的增长率达到了六年间的最低点-36.8%，生均财政性教育经费增长率、生均学杂费增长率均达到了最高值。

表 2-10 数据表明，生均学杂费在 2007 年达到了 47.4% 的增长率，之后几年的生均学杂费的环比增长率呈大幅下降趋势，增长速度明显放缓，2011 年增长率仅为 2.9%，这一现象可以从 2007 年我国各级政府对高校学费的管理得到解释。2007 年上半年国务院《关于建立健全普通本科高校高等职业学校和中等职业学校家庭经济困难学生资助政策体系的意见》要求，除国家另有规定外，今后 5 年各级各类学校的学费、住宿费标准不得高于 2006 秋季的相关标准。这一期间，财政经费投入的生均指标保持了相对较高的增长率。2007 年，生均财政性教育经费的增长率在达到 36.3% 之后，2009 年出现增速大幅下滑，环比增长率降至 12.6%，2010 年生均财政性经费的环比增长率为 23.7%，2011 年这一比例回升到 38.3%。财政经费投入的增长速度变化规律可以从 2008 年以来的经济危机得到解释，但数据表明虽然受经济危机影响我国经济增速明显下滑，政府依然不断加大对高职教育的投入，逐渐成为高职教育投入的主体力量。图 2-9 更加形象地反映了这一时期生均教育经费收入的增长趋势。

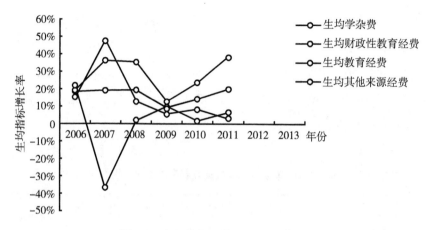

图 2-9　高职教育经费生均指标增长率

四、中等职业教育经费投入及变化趋势

如表 2-12 所示，2005—2013 年期间我国中等职业教育经费的总体水平呈现出比较快的增长态势，从 2005 年的 3 296 060 万元增长为 2011 年的 16 385 030 万元，增长了 397%，年均增长率为 30.6%，2013 年中等职业教育经费达到 19 978 691 万元。财政性教育经费的增长幅度较大，从 2005 年的 1 714 592 万元增长为 2011 年的 12 590 644 万元，年均增长率达到 39.4%，比中等职业教育经费总收入的年均增长率高出近 10 个百分点，2013 年中等职业教育的财政性经费达到 17 190 042 万元。

我国中等职业教育经费总额逐年增长，2011 年中职教育经费总收入环比增长率为 20.7%，其中财政性教育经费的生均指标增长率为 30%，而学杂费收入的增长速度出现了先增后减的现象，其增长率自 2008 年出现快速下降的趋势，2010 年则开始连续四年出现负增长，2011 年增长率为 -3.5%。数据表明，2005 年中等职业教育的学杂费收入为 2 778 156 万元，2013 年中等职业教育的学杂费收入仅为 1 528 825 万元，四年之间下降了 45%。

　　财政性教育经费与学杂费的增减变化直接导致了两者在中等职业教育经费中所占比例的大幅变化。其中，财政性教育经费所占比重大幅上升，2005年这一比例为52%，2011年上升至76.8%，2013年这一比例高达86%；2005年中等职业教育的学杂费占其总收入的比例为31.1%，到2011年这一比例下降至16.3%，2013年学杂费所中比例下降为7.65%(具体数据见表2-12)。

表2-12　　**2005—2013年中等职业教育经费及其变化情况**　(单位：万元)

年份	教育经费合计	财政性教育经费	学杂费	经费总收入环比增长率%	财政教育经费环比增长率%	学杂费环比增长率%	财政性教育经费所占比重	学杂费所占比重
2005	3 296 060	1 714 593	1 024 352	—	—	—	52.0%	31.1%
2006	3 717 693	1 993 232	1 105 620	12.8%	16.3%	51.8%	53.6%	29.7%
2007	8 517 983	5 121 957	2 401 011	129%	157%	54.4%	60.1%	28.2%
2008	10 492 435	6 822 714	2 623 644	23.2%	33.2%	9.3%	65.0%	25.0%
2009	11 988 675	8 141 848	2 778 156	14.3%	19.3%	5.9%	67.9%	23.2%
2010	13 573 099	9 682 826	2 765 577	13.2%	18.9%	-0.5%	71.3%	20.4%
2011	16 385 030	12 590 644	2 668 384	20.7%	30.0%	-3.5%	76.8%	16.3%
2012								
2013	19 978 691	17 190 042	1 528 825	—	—	—	86.0%	7.65%

　　注：表中数据来自于《中国教育经费统计年鉴(2005—2013)》，或根据其中数据计算而来。

　　这一现象与中等职业教育学费减免等资助政策密切相关，随着中等职业教育学费减免范围的逐渐扩大，中等职业教育的财政性教育经费出现大幅增长，生均学杂费自2009年以来出现连续下降趋势。图2-10更加形象地反映了这种变化趋势。

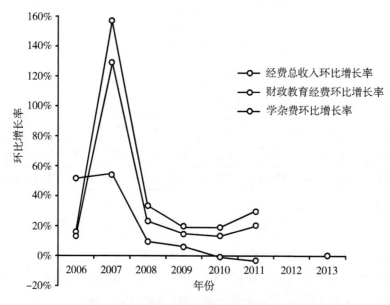

图 2-10　2006—2013 年中等职业教育经费增长情况图

一般来说，教育经费的生均指标能更好地反映教育的投入水平。2005—2013 年，我国中等职业教育教育经费的生均水平逐年上升，从 2005 年的 2060 元/生增长到 2013 年的 10 389 元/生。其中，生均财政性教育经费从 1 072 元/生增长为 2013 年的 8 939 元/生，生均学杂费出现了先增后减的现象，2010 年后出现负增长。具体数据见表 2-13，图 2-11 更加形象地描述了这一趋势。

表 2-13　　**2005—2013 年中等职业教育经费生均指标**　　（单位：元）

年份	中职在校生人数（万人）	教育经费总投入	生均教育经费	财政性教育经费	生均财政性经费	学杂费	生均学杂费
2005	1 600.0	3 296 060	2 060	1 714 592	1 072	1 024 353	640
2006	1 809.9	3 717 693	2 054	1 993 232	1 101	1 105 620	611

续表

年份	中职在校生人数（万人）	教育经费总投入	生均教育经费	财政性教育经费	生均财政性经费	学杂费	生均学杂费
2007	1 987.0	8 517 983	4 287	5 121 957	2 578	2 401 011	1 208
2008	2 087.1	10 492 435	5 027	6 822 714	3 269	2 623 644	1 257
2009	2 195.2	11 988 675	5 461	8 141 848	3 709	2 778 156	1 266
2010	2 238.5	13 573 099	6 063	9 682 826	4 326	2 765 577	1 235
2011	2 205.3	16 385 030	7 430	12 590 644	5 709	2 668 384	1 210
2012	—	—	—	—	—	—	—
2013	1 922.9	19 978 691	10 389	17 190 042	8 939	1 528 825	795

　　注：表中数据根据《中国教育经费统计年鉴（2005—2013）》的教育经费数据和相应学生数计算而来。其中，学生数来自于中华人民共和国门户网站 http://www. moe.gov.cn/s78/A03/moe_560/s8492/，教育统计数据（2005—2013）。

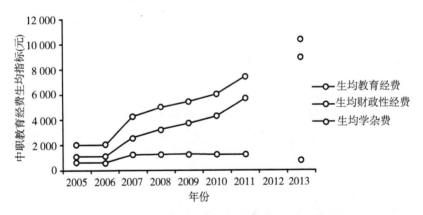

图 2-11　2005—2013 年中职教育经费生均指标变化趋势图

　　无论是中等职业教育还是高职教育，其教育经费在 2005—2013 年期间均出现了大幅上涨。其中，财政性教育经费与学杂费的环比增长率均在 2007 年达到最高水平，之后呈下降趋势。笔者认为，这一现象与我国职业教育的大幅扩招及内涵建设项目的启动有较大关系。

　　综上所述，财政性教育经费的高增长成为这一时期我国职业教育经费增长的主要推动力。正是因为 2006 年以来政府加大了对职业教育的投入力度，使得财政性职业教育经费所占份额快速增加，而学杂费所占份额逐年递减。这一变化也反映出政府对职业教育的重视，政府投入不断增加，国家财政性教育经费对我国职业教育发展的影响力不断增强。

第三章 职业教育经费投入的横向比较

职业教育是一种需要高投入保障的教育类型，教学过程需要大量先进、完备、仿真的设备设施以及配套的实习实训场所。根据国际经验，即使在办学规模相当的情况下，职业教育也需要得到比相应阶段普通教育更多的经费支持，才能保证其正常运转。

近年来，国家大力发展职业教育，一批重大的职业教育工程项目在中央财政专项资金的支持下得以实施，有效带动了地方财政和各方面的资金投入，改善和加强了职业院校的办学能力。目前，我国职业教育与普通教育相比经费投入仍显不足，职业教育经费占教育经费总投入的比例偏低，不同省区、不同属性、不同层次的职业教育在经费投入方面也存在较大差异。

本章主要利用 2000 年以来的国内生产总值、全国教育经费、职业教育经费等各项统计数据，应用 SPSS 软件进行数据分析，从职业教育经费与普通教育经费、不同省区职业教育经费、不同属性职业教育经费、不同层次职业教育经费等多方位进行系统的实证分析与比较。

第一节 职业教育经费与国内生产总值、全国教育经费的比较

一、2000—2015 年国内生产总值与教育经费情况分析

国内生产总值(GDP)是一个国家(或地区)一年以内在境内生产出

的全部最终产品和劳务的市场价值的总和，是衡量一个国家（或地区）综合实力的重要指标。当今世界，教育经费投入占 GDP 的比例已经成为国际权威机构衡量一个国家教育投入水平的重要指标之一。从全世界范围内来看，教育经费占 GDP 的比重，世界平均水平为 4.9%，发达国家为 5.1%，欠发达国家为 4.1%。

20 世纪 80 年代，当代著名经济学家厉以宁牵头立项研究政府支出的教育经费占国内生产总值比例的国际平均水平。研究认为，到 20 世纪末，与我国经济状况相适应的公共教育经费占国内生产总值比例应当是 3.7%~3.9%。这些研究成果在 1993 年《中国教育改革和发展纲要》予以吸收并做出相应规定，明确提出"逐步提高国家财政性教育经费支出占国内生产总值的比例，在本世纪末达到 4%"。但是由于我国 GDP 增长迅速、财政收入占 GDP 较低等多种因素，这一目标迟迟未能实现。为此，2010 年公布的《国家中长期教育改革和发展规划纲要（2010—2020 年）》再次明确提出，提高国家财政性教育经费支出占国内生产总值的比例，2012 年达到 4%。近几年，国家加大了教育经费的投入，2012 年终于实现了教育经费占 GDP 的 4% 的基本目标，但这一过程花了近 20 年的时间。

据中华人民共和国国家统计局每年出版的《中国统计年鉴》数据显示，2000 年以来我国的教育经费投入与国内生产总值均出现了大幅上涨。2000 年 GDP 达到 99 215 亿元，全国教育经费投入总量为 3 849 亿元，其中财政性教育经费仅为 2 563 亿元，占 GDP 的比重仅为 2.58%。2013 年 GDP 增长为 568 845 亿元，全国教育经费投入总量为 30 365 亿元，其中财政性教育经费达到 24 488 亿元，占 GDP 的比重增长为 4.3%，占全国教育经费投入总量的比例也上升至 79.38%。

据国家统计局 2016 年 2 月公布的《2015 年年度统计公告》以及教育部、国家统计局、财政部 2016 年 11 月刚刚发布的《2015 年全国教育经费执行情况统计公告》，2015 年 GDP 增长为 685 506 亿元，全国教育经费投入总量为 36 129 亿元，其中财政性教育经费达到 29 221 亿元，占

GDP 的比重增长为 4.26%。

十五年来，国内生产总值增长了 582%，全国教育经费投入总量增长了 839%，而财政性教育经费增长了 1 041%，国家财政性教育经费较国内生产总值和全国教育经费投入保持了更高的增长率。具体数据见表 3-1，图 3-1、图 3-2 更加形象地描述了全国教育经费及国内生产总值的变化趋势。

表 3-1 **2010—2015 年国内生产总值与教育经费投入情况** （单位：亿元）

年份	国内生产总值	全国教育经费	财政性教育经费	国内生产总值增长率	全国教育经费增长率	财政性教育经费增长率	财政性教育经费占GDP比例
2000	99 215	3 849	2 562	10.6%	14.9%	12.0%	2.58%
2001	109 655	4 638	3 057	10.5%	20.5%	19.3%	2.79%
2002	120 333	5 480	3 491	9.7%	18.2%	14.2%	2.90%
2003	135 823	6 208	3 851	12.9%	13.3%	10.3%	2.84%
2004	159 878	7 243	4 466	17.7%	16.7%	16.0%	2.79%
2005	183 085	8 419	5 161	14.5%	16.2%	15.6%	2.82%
2006	216 314	9 815	6 348	18.1%	16.6%	23.0%	2.93%
2007	265 810	12 148	8 280	22.9%	23.8%	30.4%	3.12%
2008	314 045	14 501	10 450	18.1%	19.4%	26.2%	3.33%
2009	340 903	16 503	12 231	8.6%	13.8%	17.0%	3.59%
2010	401 202	19 562	14 670	17.7%	18.5%	19.9%	3.66%
2011	471 564	23 869	18 587	17.5%	22.0%	26.7%	3.94%
2012	519 322	27 696	22 236	10.1%	16.0%	19.6%	4.28%
2013	568 845	30 365	24 488	9.5%	9.6%	10.1%	4.30%
2014	636 139	32 806*	26 421*	11.8%	8.0%	7.9%	4.15%
2015	685 506*	36 129*	29 221*	7.8%	10.1%	10.6%	4.26%

注：本表数据主要来源于中华人民共和国国家统计局发布并出版的《中国统计年鉴》，其中 2014—2015 年以 * 标识的相关数据来源于中华人民共和国国家统计局每年 2 月公布的《年度统计公告》以及教育部、国家统计局、财政部每年发布的《全国教育经费执行情况统计公告》。

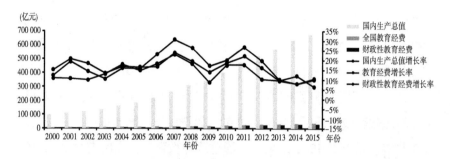

图 3-1 2000—2015 年全国教育经费及国民生产总值的变化趋势

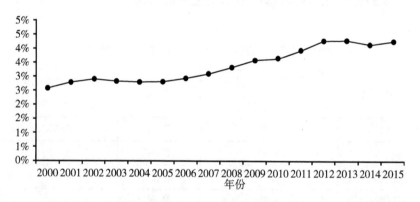

图 3-2 2000—2015 年财政性教育经费占国民生产总值的比例及其变化趋势

当前我国经济已进入了新常态，经济增长速度从多年来保持的 10%以上的高速增长转变为中高速增长。2012 年我国经济增幅出现了明显回落，GPD 增速从 17.5%降到 10.1%，但我国教育经费投入和财政性教育经费依然保持了 16%和 19.6%的增长率，财政性教育经费占国内生产总值的比重首次达到 4%，基本还清了教育欠债。根据国家统计局公布的全国教育经费执行情况统计公告的数据，2013 年全国财政性教育经费占 GDP 的比例达到 4.3%，2014 年和 2015 年全国财政性教育经费占 GDP 的比例分别为 4.15%和 4.26%，已连续四年超过 4%。

纵观世界各国对教育的投入情况，4%的投入指标只是世界衡量教育水平的基础线。2009 年，中央教育科学研究所国际比较教育研究中心对全球 52 个国家(主要是发达国家与"金砖四国")进行了"教育竞争力综合排名",中国在 52 个国家中教育竞争力综合排名第 29,但是人均公共教育支出中国排第 50 位,公共教育支出占 GDP 比重中国排第 51 位,在 52 个国家中列倒数第二。表 3-2 列出了 2009 年主要发达国家及金砖四国教育投入情况,中国公共教育经费支出占国内生产总值比重仅为 3.57%。虽然 2012 年以来,我国财政性教育经费占国内生产总值的比例均超过了 4%,但教育经费投入达到 GDP 的 4% 不是目标,而是教育投入的新起点,政府在教育投入方面任重而道远。

表 3-2   2009 年主要发达国家及"金砖四国"教育投入情况

国家或地区	公共教育经费支出占国内生产总值比重	国家或地区	公共教育经费支出占国内生产总值比重
世界	4.56	英国	5.63
高收入国家	5.37	意大利	5.11
中等收入国家	4.39	加拿大	4.77
中国	3.57	法国	5.89
中国香港	4.49	德国	4.57
伊朗	4.79	美国	4.67
以色列	5.92	印度	3.09
日本	4.28	俄罗斯	4.1
新西兰	6.42	巴西	5.72
韩国	5.05	新西兰	6.42
澳大利亚	5.11	荷兰	5.94

资料来源:世界银行 WDI 数据库。

二、职业教育经费与国内生产总值、全国教育经费的增长情况

2005 年开始,我国职业教育进入快速发展阶段,教育经费投入逐

年增长。由于统计数据相对滞后，本节主要采集 2005—2013 年职业教育经费的相关数据。这一期间，我国职业教育(含中等职业教育与高职教育)经费总收入从 2005 年的 9 392 515 万元增长为 2013 年的 34 502 639 万元，年均增长率为 17.7%，比同期全国教育经费和国民经济生产总值的年均增长率分别高出 0.3 和 2.5 个百分点。其中，2005 年中等职业教育经费总额为 5 687 150 万元，2013 年达到 19 978 691 万元，年均增长率 17.0%；2005 年高职教育经费为 3 705 365 万元，2013 年达到 14 523 947 万元，年均增长率为 18.6%，比全国教育经费 17.4% 的年均增长率高出 1.2 个百分点，比同期 GDP 年均增长率 15.2% 高 3.4 个百分点，比中等职业教育经费年均增长率高出 1.6 个百分点。具体数据见表 3-3。

这一期间，职业教育财政性经费投入大幅增长。全国职业教育财政性经费投入从 4 258 595 万元增加到 25 426 737 万元，年均增长率为 25%。其中，高职教育国家财政性教育经费从 1 186 233 万元增加到 8 236 695 万元，年均增长率为 27.4%，比这一时期全国财政收入和全国财政性教育经费的年均增长率分别高出 8.2 和 5.9 个百分点。与高职教育相比，中等职业教育财政经费投入的增长速度较慢。中等职业教育财政性经费由 3 072 362 万元增长为 2013 年的 17 190 042 万元，年均增长率为 24%，比全国财政收入和全国财政性教育经费的年均增长率分别高出 4.8 和 2.5 个百分点。

表 3-3　职业教育经费与全国教育经费、GDP 增长率的比较表　(单位:%)

年份	GDP	全国教育经费	职业教育经费	高职教育经费	中等职业教育经费	全国财政收入	全国财政教育经费	财政性职业教育经费	高职财政性教育经费	中职财政教育经费	职业教育财政经费占国家财政教育经费的比例
2005	15.7	25.1	—	32.0		19.9	17.1				7.7
2006	17.0	16.6	21.4	29.1	12.8	22.5	23.0	23.3	32.8	19.4	7.7

续表

年份	GDP	全国教育经费	职业教育经费	高职教育经费	中等职业教育经费	全国财政收入	全国财政教育经费	财政性职业教育经费	高职财政性教育经费	中职财政教育经费	职业教育财政经费占国家财政教育经费的比例
2007	22.9	23.8	30.0	27.1	129	32.4	30.4	41.8	47.5	53.3	7.8
2008	18.2	19.4	24.9	14.7	23.2	19.5	26.2	36.6	44.2	33.2	9.7
2009	8.6	13.8	14.4	14.2	14.3	11.7	17.0	19.1	18.5	19.3	9.9
2010	17.7	18.9	13.6	32.0	13.2	21.3	19.9	20.6	23.8	18.9	10.0
2011	17.5	22.0	19.9	19.0	20.7	24.8	26.7	32.5	37.3	30.0	10.4
2012	10.1	16.0	—	—	—	12.9	19.6	—	—	—	—
2013	9.5	9.6	—	—	—	10.2	10.1	—	—	—	10.4
年均	15.2	17.4	17.7	18.6	17.0	19.2	21.5	25	27.4	24.0	

　　注：本表数据根据中华人民共和国国家统计局发布并出版的《中国统计年鉴（2005—2013）》以及教育部、国家统计局、财政部每年发布的《全国教育经费执行情况统计公告》的相关数据计算而来。

　　近几年，国家加大了对教育的经费投入，2012 年实现了教育经费占 GDP4% 的基本目标，教育部、国家统计局、财政部 2016 年 11 月刚刚发布的《2015 年全国教育经费执行情况统计公告》数据显示，2015 年财政性教育经费达到 29 221 亿元，占 GDP 的比重增长为 4.26%，已连续四年超过 4% 的基本标准。2006 年我国职业教育开始进行内涵建设，在规模稳步上升的同时，各级政府加大了职业教育的财政投入力度。财政性职业教育经费总量从 2005 年的 4 258 595 万元①增加到 25 426 737 万元，年均增长 25%，远高于同期 GDP、财政收入和全国财政性教育经费增长速度；财政性职业教育经费占国家财政性教育经费总量的比例也由 2005 年的 7.7% 上升为 10.4%。这些数据表明，近几年我国

————————

　　①　此处数据是根据表 2-4 和表 3-5 中"高职教育财政性经费"和"中等职业教育数据"计算而来。

职业教育的经费投入呈现快速增长的趋势，各级政府作出了较多的财政努力。

第二节　中等职业教育与普通高中教育经费的横向比较

中等职业教育与普通高中教育是高中阶段教育的两大组成部分，从教育投入角度来看中等职业教育需要比普通高中教育更多的经费投入才能保证其正常运转，这是国际上的普遍经验和做法。在发达国家，以法国巴黎学区为例，职业高中的生均成本是普通高中的 3 倍左右；在发展中国家，以马来西亚为例，职业学校学生的单位成本是普通学校学生的 4 倍。与国际通行做法相比，我国中等职业教育的经费投入还有待进一步提高。

据统计，我国中等职业教育经费支出占教育总经费支出的比例自 1998 年起一直呈下降趋势，直到 2006 年才开始逐渐回升。1998 年，中等职业教育经费占教育总经费的比例高达 16.4%；到 2006 年，这一比例降至 6.6%；2007 年，政府加大对职业教育的财政投入，同时中等职业教育的学杂费也有一定程度的上升，致使当年中等职业教育经费占全国教育总经费的比例达到 10.3%，之后一直保持在 7% 左右，2013 年这一比例降至 6.5%，具体数据见表 3-4。图 3-3 更加形象地反映了 1998 年以来我国中等职业教育经费占全国教育经费比例的下降趋势。但 1999 年以来高等教育的持续大规模扩招直接导致了我国中等职业教育在整个教育体系中的相对份额大幅减少。因此，这一下降趋势并不能说明中等职业教育的经费投入相对减少，有必要从中等职业教育经费的横向比较等方面进行分析。

表 3-4　　　　　**1998—2011 年中等职业教育经费收入**
占全国教育经费总收入的比例　　　（单位:%）

年份	1998	1999	2000	2001	2002	2003	2004	2005	2006	2007	2008	2009	2010	2011	2013
比例	16.4	12.3	11.8	8.9	8.1	7.6	7.1	6.8	6.6	10.3	7.2	7.3	6.9	6.9	6.5

注：表中数据是根据中华人民共和国国家统计局发布并出版的《中国统计年鉴
(1998—2013)》相关数据计算而来。

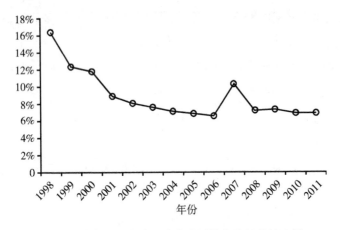

图 3-3　中等职业教育经费占全国教育总经费的比例

一、全国中等职业教育与普通高中经费收入的比较

从表 3-5 可以看出，2005—2013 年间，每年政府投入高中阶段教
育的教育经费呈现快速增长趋势。中等职业教育经费总收入、财政性
教育经费的年均增长率分别为 19.3%、26.5%，均比普通高中教育经
费增长率高出近 5 个百分点，而学杂费的年均增长率则低于普通高
中，这一现象主要是我国近几年对中等职业教育实行的学费减免政策
所致。

表 3-5　　　　　　**2005—2013 年中等职业教育与普通高中**

教育经费投入　　　　　（单位：万元）

年份	教育经费总投入		财政性教育经费		学费	
	普通高中	中职	普通高中	中职	普通高中	中职
2005	10 876 056	5 687 150	5 565 181	3 072 362	2 394 946	1 599 634
2006	12 336 845	6 517 609	6 685 128	3 674 261	2 535 451	1 750 170
2007	13 935 044	8 517 983	7 948 195	5 121 957	3 709 708	2 401 011
2008	16 022 356	10 492 435	9 612 420	6 822 714	3 926 919	2 623 644
2009	17 794 435	11 988 675	11 093 407	8 141 848	4 071 948	2 778 156
2010	20 033 460	13 573 099	13 218 350	9 682 826	4 357 491	2 765 577
2011	24 943 611	16 385 030	17 999 617	12 590 644	4 546 108	2 668 384
2012	—					
2013	32 262 684	19 978 691	24 996 231	17 190 042	4 727 608	1 528 825
年均增长率	14.8%	19.3%	21.6%	26.5%	11.3%	8.9%

注：表中数据来自于《中国教育经费统计年鉴(2005—2013)》，其中年均增长率是根据各年相关数据计算而来。

由于普通高中优质教育资源的稀缺性，近些年我国民办普通高中教育在全国普通高中教育中所占份额逐渐扩大，其学费收入相对较高，与公办普通高中和中等职业学校生均收入的可比性不强。因此，对于中等职业学校和普通高中经费收入的比较，还应该考虑学校属性对各项生均教育经费指标的影响。

二、教育和其他部门办普通高中和中等职业学校生均教育经费支出数的比较

为避免民办高中教育数据的影响，笔者对全国公办普通高中和中等职业学校的生均教育经费支出数据进行了比较。2013 年，教育和其他部门办中等职业学校生均教育经费支出数为13 914.39元/生，普通高中学校生均教育经费支出数为12 862.41元/生，两者相差1 052元/生。其中，中等职业学校生均公共财政预算教育经费支出为9 310.68元/生，普通高中生生均公共财政预算教育经费支出为8 721.93元/生，差额为589元/生，两者在事业收入、其他收入等资金来源安排的生均教育经费支出相差463元/生。

可见，由于近些年各级政府对中等职业学校的财政投入大幅增加，且中等职业学校的学费标准普遍高于公办普通高中的学费标准，我国中等职业教育经费出现了较大幅度的增长，为中等职业教育改善办学条件、提升教育质量提供了基本保障。

第三节　高职教育经费投入的横向比较

一、中央与地方属高职院校经费投入的比较

（一）中央属高职院校经费投入情况

中央属高职院校是由国务院及其直属机构在全国范围内直属管理的高职院校。中央属高职院校的国家财政性教育拨款主要来自预算内教育经费，政府征收的教育税费基本上不会划拨到这类院校。据统计，2013年中央属各级各类学校的教育经费收入来源中，政府征收用于教育的税费总额为35 954.4万元，全部用于中央属普通高等本科学校。考虑到统计数据的完整性，本书采集了2007年以来中央属高职院校教育经费相关数据进行分析。

1. 中央属高职院校教育经费来源及结构情况分析

总体来说，2007—2013年期间中央属高职院校教育经费投入呈逐年增长趋势，2007年中央属高职院校教育经费投入总额为129 219万元，

2013 年中央属高职院校教育经费投入总额为289 613万元，年均增长率为 14.4%。国家财政性经费与事业收入是中央属高职教育的主要经费来源，其他各种来源教育经费相对较低。2013 年财政性经费所占比例为 44.9%；事业收入占总收入的比重较大，2013 年中央属高等职业学校事业收入占总收入的比重为 39.8%。具体数据及其对比图见表 3-6 和图 3-4。

表 3-6　　　　中央属与地方属高职院校教育经费收入结构比较表　（单位:%）

年份	学校属性	财政性经费	事业收入	#学杂费	其他来源经费
2007	中央属	39.4	49.3	40.3	11.3
	地方属	44.4	49.3	41.4	6.3
2008	中央属	41	42.5	34.7	16.5
	地方属	48.8	49.2	39.4	2
2009	中央属	43.8	50.8	40.3	5.3
	地方属	50.3	44.7	37.8	4.9
2010	中央属	48.4	46.7	36.8	4.9
	地方属	53.4	39.9	35.7	6.6
2011	中央属	49.8	44.7	32.0	5.5
	地方属	54.0	40.5	35.7	5.5
2013	中央属	44.9	39.8	27.6	15.3
	地方属	57	37	32.1	6

注：表中数据根据《中国教育经费统计年鉴（2007—2013）》相关数据计算而来。其中#表示经费收入中的主要项目。

2. 中央属高职院校教育经费增长率分析

2008—2011 年教育经费总收入的环比增长率分别为 45.0%、5.2%、25.5%、8.9%，年均增长率为 20.2%，其中财政性教育经费的环比增长率分别为 51%、12.4%、38.8%、11.9%，年均增长率为

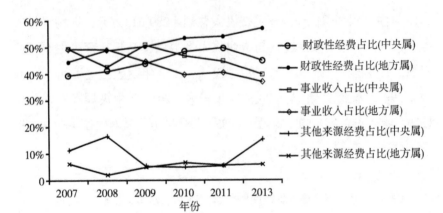

图 3-4 中央属与地方属高职院校教育经费收入结构图

27.4%；事业收入环比增长率分别为 24.9%、26%、15.3%、4.3%，年均增长率为 17.3%，其中学杂费的环比增长率分别为 25%、22.1%、14.7%、-5.4%，年均增长率为 13.5%，具体见表 3-7。

表 3-7 中央属与地方属高职院校教育经费环比增长情况 （单位:%）

年份	学校属性	教育经费	财政性经费	事业收入	#学杂费	其他来源经费
2008	中央属	45	51	24.9	25	111.4
	地方属	30.7	43.7	30.4	24.3	-58.6
2009	中央属	5.2	12.4	26	22.1	-65.9
	地方属	14.7	18.3	4.3	9.9	183.7
2010	中央属	25.5	38.8	15.3	14.7	14.2
	地方属	15.4	22.6	3	9.2	54.6
2011	中央属	8.9	11.9	4.3	-5.4	23.3
	地方属	39.9	41.4	41.7	39.7	16.2
年均增长率	中央属	20.2	27.4	17.3	13.5	0.4
	地方属	24.7	31.0	18.7	20.1	20.5

注：表中数据根据《中国教育经费统计年鉴（2007—2013）》相关数据计算而来。其中#表示经费收入中的主要项目。

表 3-7 的数据显示，2008—2011 年中央属高职院校的教育经费收入的环比增长率出现较大波动，这与近些年我国经济增长受全球经济危机影响有较大关系。2009 年，中央属高职院校财政经费增长率下降为 12.4%，其他来源的经费出现 65.9% 的负增长，事业收入却保持了 26% 的增长率，事业收入和学杂费占总收入的比重也达到了这一期间的最高值，可见事业收入特别是学杂费的高速增长在经济危机较严重的时期维持了中央属高职院校教育经费的增长。这一期间中央属高职院校财政性教育经费的年均增长率依然保持在 27.4%，这与中央政府大力发展高职教育的政策有较大关系。中央属高职院校财政投入保持了较高的增长速度，其所占比重较高，远超过事业收入所占比重，可见财政性经费已成为中央属高职院校最重要的经费来源渠道。

(二)地方属高职院校经费收入情况

地方属高职院校隶属于各省市、自治区、直辖市，其财政性教育经费中预算内教育经费由中央、地方两级财政部门划拨，教育税费由教育费附加和地方教育附加构成。

1. 地方属高职院校教育经费来源构成情况分析

表 3-7 显示，2007—2011 年地方属高职院校财政性教育经费占地方高职院校总收入的比例分别为 44.4%、48.8%、50.3%、53.4%、54%，2013 年这一比例高达 57%。财政性教育经费已经成为地方高职院校经费最主要的来源，其中教育税费占财政性经费的比例达 6.5%。事业收入占总收入的比例逐年降低，2007 年事业收入占总收入的比例为 49.3%，2013 年这一比例下降为 37%。其中，学杂费所占比例的降低幅度几乎与事业收入同步，到 2013 年学杂费占总收入的比例已降至 32.1%。而民办院校举办者投入、社会捐赠收入、校办产业和社会服务用于教育的经费等其他高职教育经费占总收入的比例不大。

2. 地方属高职院校教育经费增长率分析

统计资料显示，2007—2013 年地方属高职院校教育经费总收入从

2007年5 058 929万元快速增长到2013年的14 234 334万元①。2008—2011年环比增长率分别为30.7%、14.7%、15.4%、39.9%，年增长率为24.7%，其中财政性教育经费的环比增长率分别为43.7%、18.3%、22.6%、41.4%，年均增长率为31%；事业收入环比增长率分别为30.4%、4.3%、3.0%、41.7%，年均增长率为18.7%；其中学杂费的环比增长率分别为24.3%、9.9%、9.2%、39.7%，年均增长率为20.1%，具体数据见表3-7。我们发现，无论从环比增长情况还是年均增长率来看，这一时期我国地方高职院校学杂费增长率均低于财政性教育经费的增长，财政性教育经费的增长成为地方高职院校教育经费增长的主要渠道。

(三)中央属、地方属高职院校经费投入的差异分析

政府是高职教育的投资主体，但政府性教育经费投入的力度在中央、地方高职院校中存在较大差距。中央、地方属高职院校经费总收入逐年递增，2007—2010年中央属高职院校经费总收入增长率大于地方属高职院校。但表3-7的数据显示2011年地方高职院校的教育经费总投入的增长率为39.9%，远高于中央属高职院校8.9%的增长速度，地方高职院校的财政投入增长率为41.4%，远高于中央属高职院校11.9%的增长率。

从各项经费来源的结构来看，地方院校获得的财政支持逐年增加，财政性教育经费所占比重逐年增长，2013年这一比例高达57%，远高于中央属高职院校44.9%的比例。但与中央属院校相比，近些年地方高职院校在校生规模扩张的速度较快，其教育经费的增长不能充分弥补其在校生急剧增多所需的培养成本。表3-8所示的高职院校教育经费支出的生均指标的数据清晰地反映了这一问题。这在一定程度上反映了地

---

① 此处数据是根据表2-4和表3-5中"高职教育财政性经费"和"中等职业教育"数据计算而来。

方属高职院校经费投入规模与在校生规模不相适应，高职教育经费投入严重不足。

表3-8　　**2005—2011年高职院校生均教育经费支出情况表**　　（单位：元）

年份	高职院校	中央属高职院校	地方属高职院校
2005	8 354.38	12 071.49	8 312.04
2006	8 770.50	10 712.10	8 754.80
2007	10 403.10	8 689.30	10 420.40
2008	11 657.70	11 457.90	11 659.40
2009	11 936.69	15 235.55	11 908.70
2010	13 482.07	15 739.31	13 458.92
2011			15 020.90
2013			16 832.88

注：表中数据来自于《中国教育经费统计年鉴(2005—2013)》。

二、高职与本科院校教育经费投入的比较

(一)高职教育与本科财政性教育经费投入总量的比较

2005年以来，虽然我国高职教育投入经费逐年增加，但其总量与本科教育经费相差甚远。从表3-9可以看出，2005—2010年，每年政府投入高等教育的财政性教育经费非常可观，但绝大多数经费投向了本科教育。例如，2005年政府对高等教育的总投入为10 908 369万元，占全国财政性教育经费的21.14%。其中1 186 233万元投入到高职教育院校，整个高等教育财政性经费中仅10.9%的经费投入到高职教育，占全国财政性教育经费的2.30%。七年来，虽然这一比例逐年上升，但投入比例依然有限。2011年投入到高职教育院校的财政经费只占高等教育财政性经费总量的16.8%，仅占全国财政性教育经费总投入的

3.63%；2011 年投入本科教育的财政性经费为24 101 768万元，占当年高等教育财政性经费总量的 83.2%，占全国财政性教育经费总量的比例高达18.02%；2013 年，政府对高等教育的总投入为47 968 763万元，其中投入到高职高专院校的财政性教育经费为 8 236 695 万元，占17.2%。

表 3-9 　　　　　　**2005—2013 年高职教育与本科财政性教育**

经费投入情况表 　　　　　（单位：万元）

年份	本科财政性教育经费（1）	高职教育财政性教育经费（2）	普通高等教育财政经费（3）	全国财政性教育经费（4）	(2)/(4)（%）	(3)/(4)（%）	(1)/(3)（%）	(2)/(3)（%）
2005	9 722 136	1 186 233	10 908 369	51 610 759	2.30	21.14	89.1	10.9
2006	11 019 833	1 575 879	12 595 712	63 483 648	2.48	19.84	87.5	12.5
2007	13 659 417	2 323 771	15 983 187	82 802 142	2.81	19.30	85.5	14.5
2008	16 685 224	3 349 892	20 035 116	104 496 296	3.21	19.17	83.3	16.7
2009	18 675 369	3 969 714	22 645 083	122 310 935	3.25	18.51	82.5	17.5
2010	24 101 768	4 916 257	29 018 026	146 700 670	3.35	19.78	83.1	16.9
2011	33 486 742	6 748 247	40 234 989	185 867 009	3.63	21.65	83.2	16.8
2012	—	—	—	—	—	—	—	—
2013	39 732 069	8 236 695	47 968 763	244 882 177	3.36	19.59	82.8	17.2

注：表中数据来自于《中国教育经费统计年鉴(2005—2013)》，其中比率是根据表中相关数据计算而来。

(二)教育经费投入结构的差异

1. 财政性教育经费与事业收入

财政性教育经费、事业收入是我国高校的两项主要经费来源。随着国家对高等教育投入的增加，财政性经费所占比重的不断提高，事业收入所占比重存在下降趋势。不同的是，本科院校的财政性教育经费是其最主要的收入来源，2010年其所占比重为54.21%，明显高于其事业收入所占比重38.62%；而高职院校的收入中，事业收入是其最主要的收入来源，2010年其所占比重为47.5%，其财政性教育经费所占比重虽然逐年增长，2010年这一比例达46.8%，仍然低于事业收入所占比重，2013年高职教育财政性教育经费所占比重达到57%，超过事业收入所占比重。

在高等教育的事业收入中，学杂费是重要的组成部分。学杂费在总收入中所占比重的高低可以反映出学生及家庭对高等教育成本的分担情况及学费负担。从表3-10数据可知，本科与高职的学杂费在总收入中所占比重差别较大。2010年，本科学杂费占其总收入的比重为27.89%，而高职学杂费占其总收入的比重为41.5%，这与高职院校获得的财政性教育经费、社会捐赠、其他收入等经费较少存在着必然联系。

2. 民办学校举办者投入、社会捐赠及其他收入

如表3-10所示，高职院校在捐赠及其他收入方面所占比重都大大低于本科，这说明我国捐赠主体更愿意投入精英教育。而在民办学校举办者投入方面，高职院校所占比重高于本科院校，这与国家鼓励发展民办高职高专教育的政策相一致。

表3-10　　**本科与高职教育各项经费收入所占比重对比表**　　（单位：%）

项目＼年份	2005	2006	2007	2008	2009	2010	2011	2013
本科财政性经费	44.6	45.0	45.5	49.0	50.2	54.2	59.5	60.9
高职财政性经费	32.0	32.2	36.8	41.7	43.1	46.8	54.0	56.7
本科事业收入	42.3	40.7	44.8	42.6	41.8	38.6	33.6	32.9
高职事业收入	47.5	46.2	56.1	51.5	50.4	47.5	40.6	37.1

项目 \ 年份	2005	2006	2007	2008	2009	2010	2011	2013
本科学杂费	29.6	27.3	30.7	31.0	30.6	27.9	24.3	23.5
高职学杂费	39.7	38.7	47.8	45.1	43.7	41.5	35.6	32.1
本科民办举办者投入	5.5	6.1	0.8	0.5	0.4	0.3	0.3	0.2
高职民办举办者投入	16.3	17.2	1.3	1.6	1.9	1.4	1.1	1.4
本科捐赠	0.9	0.8	0.8	0.8	0.6	0.6	0.7	0.6
高职捐赠	0.3	0.2	0.4	0.3	0.3	0.3	0.2	0.3
本科其他收入	20.7	7.5	8.1	7.2	7.1	6.3	5.8	5.3
高职其他收入	3.9	4.2	5.5	4.9	4.3	4.1	4.2	4.6

注：表中数据根据《中国教育经费统计年鉴(2005—2013)》相关数据计算而来。

(三)高职与本科教育财政性教育经费投入的差异

如表 3-11 所示，我国政府对高等教育的财政投入逐年增长，从 2005 年的10 908 369万元增长为 2010 年的29 018 026万元，但财政投入在高等教育内部的分配严重失衡。2005 年，我国普通高等院校本科在校生数为 849 万，高职在校生数为 713 万人，政府将高等教育财政经费中的 89.1%的份额投向了本科院校，仅 10.9%投向高职教育。虽然随着政府对高职教育投入力度的加大，两者在财政性教育经费的分配格局上发生了一定变化，高职教育财政性经费所占比重不断上升，2013 年高职财政性教育经费比重为 17.2%，但这种财政经费在高等教育内部分配的不平衡现象依然严重。

目前，从规模来看，高职教育已占了我国高等教育的半壁江山，可见政府对高职教育投入的规模与发展速度远远跟不上高职教育的规模发展对教育经费的要求。

表 3-11 　　　　　高职与本科财政性教育经费投入的比较 　　（单位：元）

年份	在校生数(万人)		本科财政经费	高职高专财政经费	高等教育财政经费	本科经费所占比例	高职经费所占比例
	本科	高职					
2005	849	713	9 722 136	1 186 233	10 908 369	89.1%	10.9%
2006	943	796	11 019 833	1 575 879	12 595 712	87.5%	12.5%
2007	1 024	861	13 659 417	2 323 771	15 983 187	85.5%	14.5%
2008	1 104	917	16 685 224	3 349 892	20 035 116	83.3%	16.7%
2009	1 180	965	18 675 369	3 969 714	22 645 083	82.5%	17.5%
2010	1 266	966	24 101 768	4 916 257	29 018 026	83.1%	16.9%
2011	1 350	959	33 486 742	6 748 247	40 234 989	83.2%	16.8%
2012	—	—	—	—	—	—	—
2013	1 494	974	39 732 069	8 236 695	47 968 763	82.8%	17.2%

注：表中数据来自于《中国教育经费统计年鉴(2005—2013)》，或根据相关数据计算而来。在校生数来自中华人民共和国门户网站 http://www.moe.gov.cn/s78/A03/moe_560/s8492/，教育统计数据(2005—2013)。

(四)高职与本科生均教育经费投入的差异

高职教育与本科教育的教育经费总投入差距较大，两者在财政性教育经费方面的差异更为明显。两者在财政性教育经费投入方面不仅总量差异巨大，而且在生均教育经费指标方面都存在较大差距。

1. 高职与本科公共财政预算教育事业费拨款的比较

预算内教育事业费拨款是指教育拨款的一部分，是直接用于各级各类学校教育事业的经费，不含科研、基建等方面的拨款。分析与比较这一指标能更好地了解各级政府对教育事业日常运行的投入力度。高职教育与本科教育经费来源方面的差距也同样存在于预算内教育事业费拨款，具体见表 3-12。

表 3-12 高职院校与本科院校预算内教育事业费拨款的比较

年份	本科教育 （万元）	高等职业教育 （万元）	本科所占比例 %	高等职业教育 所占比例%
2005	9 360 545	1 103 189	89.5	10.5
2006	10 626 979	1 447 863	88.0	12.0
2007	10 025 014	1 836 047	84.5	15.5
2008	12 187 605	2 515 132	82.9	17.1
2009	13 762 252	3 027 631	82.0	18.0
2010	16 947 953	3 693 542	82.1	17.9
2011	26 257 679	5 310 958	83.2	16.8
2012	—	—	—	—
2013	31 532 458	6 649 852	82.6	17.4

注：表中数据来自于《中国教育经费统计年鉴（2005—2013）》，其中所占比例根据相关数据计算而来。

2005 年以来，高职院校在校生人数占普通高等院校在校生数的 45%左右，这与现行高职院校经费投入所占比例极不匹配。从我国普通高等教育预算内教育事业费拨款分配比例来看，政府将 80%以上的教育事业费投入了本科教育，而投向高职教育的事业费拨款不足 20%。

若加上科研经费、基建拨款以及政府征收用于教育的教育费附加、地方教育费附加、出让土地金提取用于教育的政府性基金等其他财政性教育经费拨款，两者财政性教育经费拨款的差距更大。

2. 高职与本科生均教育经费支出的比较

2005—2013 年，高职教育的生均经费支出均低于本科生均经费支出，九年来全国高职生均经费支出约占本科生均经费支出的 50%。其中，中央部门办高职与本科院校生均经费有较大的差距且有扩大的倾向，2005 年两类学校生均经费的比例为 1∶2.2，2007 年比例扩大到 1∶3.3。近几年这一比例有所缩小，2010 年这一比例为 1∶2.53。与中央属高校相比，地方部门办高职与本科生均经费支出差距相对较小，两类生均经费支出比例为 1∶1.4—1∶1.6。2011—2013 年期间，地方属高职与本科院校两者的生均教育经费支出的差距有所扩大，具体数据见表 3-13。

表 3-13　　　　　　　**高职与本科院校生均教育经费支出**　　　（单位：元）

年份	高职院校	中央属 高职院校	地方属 高职院校	本科院校	中央属 本科院校	地方属 本科院校
2005	8 354.38	12 071.49	8 312.04	16 937.14	27 168.13	13 539.58
2006	8 770.50	10 712.10	8 754.80	15 332.80	27 053.90	12 544.40
2007	10 403.10	8 689.30	10 420.40	18 174.00	28 628.80	14 663.50
2008	11 657.70	11 457.90	11 659.40	20 307.90	33 072.90	15 955.00
2009	11 936.69	15 235.55	11 908.70	21 269.97	36 510.91	16 222.85
2010	13 482.07	15 739.31	13 458.92	23 221.84	39 750.65	17 822.76
2011	—	—	15 020.90	28 513.27	—	22 520.31
2013	—	—	16 832.88	29 533.48	46 523.73	23 917.06

注：表中数据来自于《中国教育经费统计年鉴(2005—2013)》。

可见高职与本科生均经费支出差距仍然很大，这在一定程度上反映了我国高等教育经费投入中各项经费的投入主体更倾向于为本科教育投入经费的现实。

表 3-14 列示了 2011—2013 年我国本科教育与高职教育预算内经费支出的生均指标。2011 年本科生均教育经费支出为21 269.97元，生均财政预算内支出10 560.71元，占生均教育经费支出的 49.7%%；高职生均教育经费支出为11 936.69元，生均财政预算内支出5 406.05元，生均财政预算内支出占生均教育经费支出的比例仅 45.3%，其中地方

属高职院校生均教育经费支出11 908.69元，生均财政预算内支出
5 410.85元，生均财政预算内支出占生均教育经费支出的比例仅
45.3%；2013年本科生均教育经费支出29 533.45元，生均财政预算内
支出18 663.95元，生均财政预算内支出占生均教育经费支出的比例上
升至63.2%，其中地方属高职生均教育经费支出16 832.88元，生均财
政预算内支出9 976.97元，比例上升至99.27%。

这些数据表明，近几年政府加大了对高等教育的投入力度，虽然高
职教育经费投入与本科仍有较大差距，但近几年政府投入高职院校各项
经费的速度增长较快，有逐渐将两类学校之间距离缩小的趋势。

表3-14　本科与高职院校生均财政预算教育经费支出比较表 （单位：元）

项　　目	本科院校		高职院校	
	2011年	2013年	2011年	2013年
普通高校生均支出	21 269.97	29 533.45	11 936.69	16 832.88
普通高校预算内支出及所占比例	10 560.71 49.7%	18 663.95 63.2%	5 406.05 45.3%	9 976.97 59.27%
中央属高校生均支出	36 510.91	46 523.73	15 235.55	—
中央属高校预算内支出及所占比例	17 229.28 47.2%	25 556.09 54.93%	4 841.77 31.8%	—
地方属高校生均支出	16 222.85	23 917.06	11 908.69	16 832.88
地方属高校预算内支出及所占比例	8 346.2 51.4%	16 388.57 68.52%	5 410.85 45.4%	9 976.97 59.27%

注：表中数据来自于《中国教育经费统计年鉴（2005—2013）》，其中所占比例
根据相关数据计算而来。

三、高职教育经费的地区差异

我国幅员辽阔，不同省区间的社会经济发展水平和消费水平存在较

大差距，必然导致各省区高职教育投入及办学成本上的差异，但这不应该成为省区生均教育经费存在巨大差异的理由。近年来，各省区高职教育经费的总投入呈逐年上升趋势，财政投入也逐渐增加，财政经费在各省区高职教育经费中所占份额逐步提高。由于各省区高职在校生数相差很大，本书主要从教育经费的生均指标、投入结构等方面进行比较。

（一）各省区生均教育经费极不平衡

2013 年我国各省区高职生均教育经费，生均教育经费支出为16 833元，生均公共财政预算教育经费支出为9 977元，其中生均支出最高的北京市生均教育经费支出和生均公共财政预算教育经费支出分别为51 426元和40 426元，而最低值分别为安徽的11 569元和6 043元。生均教育经费支出与公共财政预算教育经费支出的最高、最低值之比分别为4.44∶1 和6.69∶1，与 2010 年 3.92∶1 和10.43∶1 的比例相比有了较大变化。2010 年，生均教育经费支出最高（北京）与最低省份（湖南）的差距为 3.92 倍，生均财政预算教育经费支出最高（北京）与最低省份（安徽）的差距超过 10 倍。据统计，2010 年北京与湖南、安徽的人均GDP 之比仅为 3.37∶1 和2.87∶1，2013 年生均教育经费支出、生均财政预算教育经费支出最高省份（北京）与最低省份（安徽）的人均 GDP 之比仅为 3.14∶1，具体数据见表 3-15、表 3-16。可见，生均教育经费、生均财政预算教育经费的巨大差异不仅仅是经济发展水平所致，也反映了各地对高职教育的重视程度。

数据表明，2013 年，无论是生均教育经费支出还是生均财政预算教育经费支出，支出最高的省区与支出最低的省区之间的差距均有所减少，其中生均财政预算教育经费支出的差距大幅减少至 6.69∶1。由此可见，近年来各地方政府特别是不发达省区对高职教育的预算内财政投入有了大幅度提高，地区间的差距有了较大幅度的缩小。

表 3-15　　　　　**2010 年各省区高职生均教育经费情况表**　　　（单位：元）

地区	人均GDP	高职教育财政经费比例（%）	高职教育生均经费支出	生均公共财政预算经费支出	地区	人均GDP	高职教育财政经费比例（%）	高职教育生均经费支出	生均公共财政预算经费支出
合计	29 748	46.8	13 459	6 280	河南	24 598	39.3	9 180	3 189
北京	69 918	58.8	34 922	27 875	湖北	27 734	37.2	11 962	4 383
天津	68 077	48.5	18 039	8 246	湖南	24 316	39.1	8 915	3 714
河北	28 167	37.6	11 098	3 977	广东	43 802	49.5	19 746	11 242
山西	25 608	53.9	9 675	5 539	广西	20 602	40.6	11 653	5 117
内蒙古	47 032	66.0	15 065	9 772	海南	23 531	57.5	11 769	5 422
辽宁	42 111	59.1	15 801	7 574	重庆	27 152	25.3	12 297	4 076
吉林	31 525	57.0	12 420	6 784	四川	21 348	52.9	14 622	5 991
黑龙江	27 044	46.6	11 613	5 496	贵州	13 268	60.6	9 628	6 052
上海	73 126	31.9	20 329	6 928	云南	15 600	46.4	17 136	5 796
江苏	52 445	50.9	16 733	9 178	西藏	16 731	77.7	16 818	13 984
浙江	50 746	55.4	21 894	8 584	陕西	27 049	46.1	12 662	5 823
安徽	20 709	29.8	9 619	2 673	甘肃	16 070	51.5	10 832	5 022
福建	39 616	33.0	14 286	4 444	青海	23 768	66.4	13 764	6 893
江西	21 057	35.2	10 738	4 319	宁夏	26 423	51.5	15 310	8 984
山东	40 645	47.5	12 213	6 392	新疆	24 618	61.6	16 238	10 723

　　注：表中数据来自于《中国教育经费统计年鉴 2010》，其中人均 GDP 来自于《中国统计年鉴 2010》。

表 3-16　　　　　　　**2013 年各省区高职生均教育经费情况表**　　（单位：元）

地区	人均GDP	高职教育财政经费比例(%)	高职教育生均经费支出	生均公共财政预算经费支出	地区	人均GDP	高职教育财政经费比例(%)	高职教育生均经费支出	生均公共财政预算经费支出
合计	41 908	56.7	16 833	9 977	河南	34 174	58.9	12 404	6 430
北京	93 213	73.7	51 426	40 426	湖北	42 613	58.5	15 368	8 762
天津	99 607	63.5	23 791	13 893	湖南	36 763	62.4	14 444	9 653
河北	38 716	51.7	14 020	7 511	广东	58 540	45.3	15 745	10 112
山西	34 813	68.0	16 201	10 703	广西	30 588	49.0	16 343	7 429
内蒙古	67 498	74.5	20 237	14 846	海南	35 317	54.3	17 426	11 023
辽宁	61 686	65.0	20 633	12 667	重庆	42 795	49.8	19 497	10 534
吉林	47 191	69.8	18 675	9 514	四川	32 454	55.6	16 716	10 361
黑龙江	37 509	59.8	17 437	10 238	贵州	22 922	55.0	13 634	7 921
上海	90 092	53.4	37 176	21 987	云南	25 083	47.4	17 545	11 142
江苏	74 607	56.9	19 958	12 487	西藏	26 068	91.5	32 352	28 412
浙江	68 462	54.6	22 181	10 587	陕西	42 692	53.8	16 812	10 206
安徽	31 684	54.2	11 569	6 043	甘肃	24 296	57.7	14 038	7 035
福建	57 856	38.5	16 636	7 070	青海	36 510	69.8	17 191	11 979
江西	31 771	61.3	15 658	10 311	宁夏	39 420	60.5	17 607	11 736
山东	56 323	57.6	15 411	8 951	新疆	37 181	69.4	19 711	13 455

注：表中数据来自于《中国教育经费统计年鉴 2013》，其中人均 GDP 来自于《中国统计年鉴 2013》。

（二）各省区教育经费投入的结构比较

从 2013 年各省区高职经费来源占总投入的份额来看，财政性教育经费和事业收入合计数占总收入比例的平均值高达 94%，而民办学校举办者投入、捐赠收入、其他收入等其他来源经费合计仅占 6%。2013

年我国 27 个省区对高职教育的财政经费投入超过其事业收入及其他来源教育经费。但通过表 3-17 数据分析，我们发现各省区高职教育经费投入结构也存在较大差异。

2013 年，财政性教育经费所占比重的平均值为 57%，比 2010 年提高了 10 个百分点，最大值与最小值为西藏与福建，分别占 91.5% 和 38.5%。全国有河北、上海、安徽、福建、浙江、广东、云南、广西等 13 个省区财政投入比例低于全国平均水平，其中福建、广东、广西、云南、广西 5 个省份的财政性教育经费低于 50%。由于近几年我国大多数省区高等职业财政性教育经费投入的大幅提升，导致高职教育学杂费等事业收入所占份额下降了近 10 个百分点。

表 3-17 　　　　2013 年各省区高职教育经费投入结构的比较 　　(单位:%)

地区	财政经费比例	事业收入比例	事业收入中的学费比例	其他经费比例	地区	财政经费比例	事业收入比例	事业收入中的学费比例	其他经费比例
合计	57.0	37.0	32.1	6.0	河南	58.9	34.3	30.7	6.7
北京	73.7	18.7	16.9	7.6	湖北	58.5	38.0	34.1	3.5
天津	63.5	33.9	29.5	2.6	湖南	62.4	34.3	30.2	3.3
河北	51.7	44.7	40.0	3.7	广东	45.3	49.5	44.7	5.2
山西	68.0	27.8	25.5	4.2	广西	49.0	47.4	39.9	3.5
内蒙古	74.5	24.7	20.6	0.8	海南	54.3	41.2	36.8	4.5
辽宁	65.0	30.0	25.4	5.1	重庆	49.8	45.2	40.9	5.0
吉林	69.8	29.4	26.7	0.7	四川	55.6	37.2	31.4	7.2
黑龙江	59.8	35.0	32.6	5.3	贵州	55.0	25.6	21.1	19.4
上海	53.4	41.3	37.4	5.3	云南	47.4	30.6	27.6	22.0
江苏	56.9	35.8	29.0	7.3	西藏	91.5	8.5	6.6	0.0
浙江	54.6	38.9	32.2	6.5	陕西	53.8	40.2	37.4	6.1

地区	财政经费比例	事业收入比例	事业收入中的学费比例	其他经费比例	地区	财政经费比例	事业收入比例	事业收入中的学费比例	其他经费比例
安徽	54.2	41.1	34.9	4.7	甘肃	57.7	40.8	34.1	1.5
福建	38.5	45.8	37.2	15.6	青海	69.8	22.3	18.0	8.0
江西	61.3	35.4	28.8	3.3	宁夏	60.5	32.4	25.6	7.1
山东	57.6	38.0	32.4	4.4	新疆	69.4	21.4	17.7	9.2

注：表中数据根据《中国教育经费统计年鉴2013》相关数据计算而来。

(三)高职教育经费与省区经济发展水平的相关分析

一般来说，教育经费的投入应该与地区经济发展水平相适应，这符合谁受益谁支付的成本分担原则，也是协调教育经费地区差异矛盾的重要依据。各省区高职教育的学杂费是由各省依据教育成本并综合考虑经济发展及居民支付能力而确定，因此学杂费水平一般与经济发展水平相关性较强。人均国内生产总值(real GDP per capita)，即人均GDP，是将一个国家或区域核算期内(通常是一年)实现的国内生产总值与这个国家或区域的常住人口(或户籍人口)相比进行计算而来。人均GDP常作为发展经济学中衡量经济发展状况的指标，是最重要的宏观经济指标之一，它是人们了解和把握一个国家或地区的宏观经济运行状况的有效工具，是衡量各国人民生活水平的一个标准。因此，本节主要通过高职教育经费投入与人均GDP的相关性指标来分析我国高职教育经费投入与各省区经济发展水平的适应性情况。

通过对2013年数据的分析，全国有19个省区的人均GDP指标排序与生均公共财政预算教育经费支出的位次差距超过5名以上，其中有10个省区相差10名以上，出现较严重的错位现象。浙江、广东、福建、山东、吉林五个省 2013 年的人均 GDP 分别比全国平均数41 908元超出 63%、40%、38%、34%、13%，其生均公共财政预算教育经费支出的排位分别为第 14、20、28、23、22 位，其中福建、山东、吉林三个省区的生均公共财政预算教育经费支出比全国平均支出水平分别低了−29%、−10%、−4.6%，可见这些省区的高职教育财政投入水平远远落后于其经济发展水平。这一现象同样存在于浙江、湖北等多个省区，纵观表 3-16 中的数据，我们不难发现这一现象普遍存在。由此可见，不少省区高职教育财政投入水平与其经济发展水平不相适应，存在的不平衡现象较为严重。

(四)各省区生均教育经费与人均 GDP 的相关性及其变化趋势

为进一步分析我国不同省区高职教育经费投入与其经济发展水平的协调程度，本研究采用 SPSS18.0 软件对 2013 年各省区高职教育经费投入中的公共财政预算教育经费、学费等生均指标及其人均 GDP 指标进行 Pearson 相关分析，结果如表 3-18 所示。

1. 各省区高职教育经费与人均 GDP 的相关性分析

(1)生均教育经费支出与人均 GDP 的相关系数为 0.584，显著性(双侧)Sig. 值为 0.001，小于 0.01，表明两者具有较强的相关性，且在置信度为 0.01 时相关性是显著的，具有统计学意义。

(2)生均公共财政预算经费支出与人均 GDP 的相关系数为 0.425，表明两者呈中度相关；其判定系数 Sig. 值为 0.017，远小于 0.05，表明在置信度为 0.05 时相关性是显著的，其相关性具有统计学意义。

(3)生均学费等非财政性支出与 GDP 的相关系数为 0.698，其判定系数 Sig. 值为 0.000，表明各省区生均学费等非财政性支出与人均 GDP 存在高度相关性，在置信度为 0.01 时显著相关，其相关程度具有统计学意义。

表 3-18　　**2013 年我国高职教育经费支出与人均 GDP 相关性分析**

	人均 GDP	生均教育经费支出	生均公共财政预算经费支出	生均学费等非财政支出
皮尔逊相关系数	1.000	0.584**	0.425*	0.698**
显著性（双侧）	—	0.001	0.017	0.000
N	31	31	31	31

注：＊表示在 0.05 水平（双侧）上显著相关，＊＊表示在 0.01 水平（双侧）上显著相关。

　　数据分析发现，各省区生均教育经费支出与人均 GDP 的相关程度较强，其中生均公共财政预算教育经费支出与人均 GDP 的相关程度相对较弱，但生均学杂费与人均 GDP 的相关程度较强。这一结论与本研究最初的假设一致，学费一般由各省区根据当地估算的生均教育成本结合经济发展水平等情况而综合确定，因此学费与人均 GDP 的相关性最强；各省区现行的教育经费预算主要是依据上一年度的预算执行及结余等情况制定，并非将经济发展水平和国民经济收入指标作为教育预算制定的依据，导致我国高职教育生均公共财政预算经费收入与人均 GDP 的相关程度相对较弱。

　　一般来说，各省区政府也会根据当年经济发展状况及实际需要对教育经费投入进行适当的调整，这也正是生均财政性经费收入与人均 GDP 的相关程度略高的重要原因。生均教育经费投入，既包括受经济发展水平影响较小的财政性经费投入，也包括学杂费、社会捐赠、校办产业等受区域经济发展水平影响较大的教育经费投入，所以生均教育经费收入与人均 GDP 的相关程度介于生均公共财政性预算经费与生均学费等非财政支出之间。

2. 各省区高职教育生均经费收入与人均 GDP 相关程度的变化趋势

为了进一步分析我国各省区高职教育财政投入与人均 GDP 相关性的变化情况，本书对 2008—2013 年高职生均公共财政预算经费支出与人均 GDP 的相关系数进行了对比，表 3-19 的数据显示，生均公共财政预算支出与人均 GDP 的相关系数值逐年增加，Sig. 值逐年减少，说明两者的相关程度逐渐增强。2008—2013 年 Sig. 值均远远大于 0.05，表明两者相关性极弱，其相关性没有统计学意义，2013 年 Sig. 值降低到 0.017，小于 0.05，相关系数上升为 0.425，表明生均公共财政预算教育经费支出与人均 GDP 的相关性上升到中度相关，且其相关性具有统计学意义。

这一变化与近几年各级政府进一步落实教育经费"三个增长"，根据地方经济发展情况调整加大高职教育的财政投入力度存在密切关系。随着高职教育内涵建设的不断深入和财政投入力度加大，我国高职教育生均公共财政预算经费与人均 GDP 的相关程度会呈现上升趋势，我国高职教育将获得更为充足的教育资源。

表 3-19　　**高职生均公共财政预算经费支出与人均 GDP 的相关分析**

	2008 年	2010 年	2013 年
相关系数	0.150	0.165	0.425*
显著性（双侧）	0.422	0.375	0.017
N	31	31	31

注：＊表示在 0.05 水平（双侧）上显著相关。

近几年，各级政府加大了对高职教育的财政投入，我国高职教育经费收入的总额及生均指标均出现了快速增长，其中财政经费投入的年均增长速度远高于学杂费的增长速度。从经费的投入结构来看，财政性教育经费和事业收入是各省高职教育经费的主要来源，高职教育财政性教育经费、事业收入及其他教育经费来源三者之间存在此增彼减的关系。

无论从教育经费的生均指标还是经费投入结构来看，各省区均表现出较大差异，导致各省区受教育者所享受的生均教育资源差别较大。

相关分析结果显示，各省区生均教育经费支出与人均 GDP 的相关性具有统计学意义，表明我国高职教育生均经费投入水平总体上与经济发展水平协调。其中，生均学费与各省区人均 GDP 的相关性具有统计学意义，且为高度相关；而生均公共财政预算教育经费支出与人均 GDP 的相关性相对较弱，这与前面提到的部分省区高职教育的财政预算投入与其经济发展水平不相适应有较大关系。

综上所述，近几年国家加大了教育经费投入力度，2012 年实现了教育经费占国内生产总值4%的基本目标。2005 年《国务院关于大力发展职业教育的决定》给我国职业教育带来了新的机遇，各级政府也加大了对职业教育的财政投入。财政性职业教育经费总量从 2005 年的 3 983 490 万元增长为 14 599 083 万元，年均增长 30%，远高于同期 GDP、财政收入和全国财政性教育经费增长速度。财政性职业教育经费占国家财政性教育经费总量的比例也由 2005 年的 7.7% 上升为 10%。目前，我国职业教育正处于由规模扩充到质量提升的综合改革阶段，在物价上涨、人力资源等成本大幅上升的环境下，我国职业教育经费投入仍显不足，高职教育经费投入在不同层次、不同属性、不同省区之间存在明显差距，不平衡现象较为严重。

第四章　高职教育成本分担及预算拨款制度的现实问题

　　由于长期存在的经济发展及教育资源的不平衡等原因，致使我国职业院校在校生家庭来源结构极不平衡，学生个人及家庭支付能力普遍较差，教育成本分担现状不容乐观。政府对职业教育的投入有限，企业及其他社会力量对高职教育成本分担比例极低，必然导致职业教育的个人负担率较高，教育经费投入不足，职业教育资源普遍短缺。

　　近年来，政府对高职教育的财政投入大幅增加，我国高职教育得到了快速发展。据统计，我国公共财政教育经费拨款从 2005 年的 4 665.7 亿元增加到 2013 年的 21 818.46 亿元；高等教育经费拨款也从 2005 年的 1 046.37 亿元增加到 2013 年的 4 502.73 亿元，其中高职教育经费拨款从 2005 年的 110.32 亿元增加到 2013 年的 755.25 亿元①。高职教育财政投入的不断增加，预算拨款制度的不断完善，促进了办学质量的提升，增强了社会服务能力，解决了上学难的问题，但我国现行高职教育预算拨款制度也导致了前面章节提到的地区差异过大、财政资金公平与绩效等诸多问题。

---

　　①　数据来源于 2006 年及 2014 年的《中国教育经费统计年鉴》。

第一节　现行职业教育成本分担机制存在的问题

一、从教育经费投入情况看我国高职教育成本分担现状

（一）教育经费投入结构不尽合理

通过教育经费的来源及其结构，可以看出教育经费投资主体投入经费所占的比重，可在一定程度上反映教育成本的分担情况。目前，不同阶段职业教育的经费投入结构存在较大差距，中等职业与高职教育成本分担现状明显不同，图4-1和图4-2形象地反映了这一现状。

以2013年职业教育经费数据①为例，我国高职教育财政性教育经费和事业收入合计占总收入的比例为93.8%；财政性教育经费占其总收入的份额为56.7%，仅占全国普通高等教育财政性经费的17.2%；事业收入所占份额下降至37.1%，其中学杂费占事业收入的比例下降为86.5%；民办学校举办者投入、捐赠收入等其他来源经费合计仅占6.2%；学杂费占其总收入的比例为32.05%，远高于普通本科学生个人和家庭的成本分担比例23.52%。同期，中等职业教育财政性教育经费和事业收入合计数占其总收入的比例高达96.7%。财政性教育经费占其总收入的份额为86%；事业收入所占份额仅为10.6%，学杂费占其总收入的比例为7.65%；而民办学校举办者投入、捐赠收入等其他来源经费合计仅占3.3%。

如图4-1所示，2005—2013年我国中等职业教育经费中财政性经费所占比例逐年升高。2011年，这一比例大幅提升至76.8%，2013年达到86%（具体数据见表2-12）。可见，政府已成为我国中等职业教育成本的最大分担主体，学生个人和家庭分担比例较小。与本科教育相比，

---

①　数据根据2014年《中国教育经费统计年鉴》相关数据计算而来。

高职教育成本分担结构中，财政性教育经费较少，个人和家庭承担的学杂费比重较高，事业收入所占比重较大，企业等其他社会力量对职业教育投入极低，教育经费投入结构不尽合理。

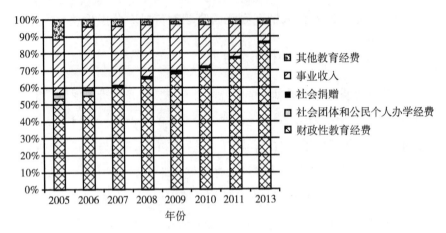

图 4-1　2005—2013 年中等职业教育经费投入结构图

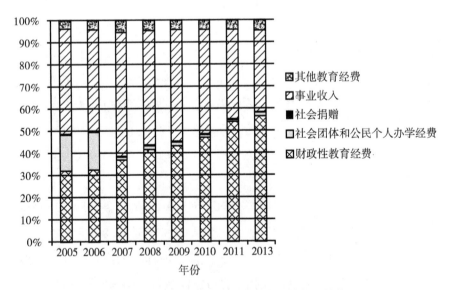

图 4-2　2005—2013 年高等职业教育经费投入结构图

(二)高职生均教育经费投入不足

职业教育是需要高投入的教育，教学过程需要大量先进、完备、仿真的设备设施以及配套的实训场地。按照发达国家经验，在办学规模相当时职业教育需要获得比相应阶段普通教育更多的生均教育经费投入，才能保证其正常运转。

2005—2013 年期间职业教育生均经费均呈现快速上升趋势。2013年，我国中等职业教育生均教育经费支出为13 914.39元，相当于普通高中教育12 862.41 的 1.08 倍；生均财政预算教育经费支出为9 310.68元，是普通高中教育8 721.93元的 1.07 倍①。数据显示，近几年来各级政府加大了对中职教育的投入，中等职业教育经费明显上涨，促进了我国中等职业教育的发展。

这一期间，虽然政府对高职教育的投入力度不断加大，但与本科相比，我国高职教育经费投入明显不足，具体见图 4-3。2013 年全国高职教育生均教育经费支出为16 832.88元，仅为本科29 533.48元的 57%；高职院校生均财政预算教育经费支出为9 976.97元，而当年本科院校这一指标为 18 633.95 元，是高职生均财政预算教育经费支出的1.87 倍②。

我国高职教育不仅经费投入结构不尽合理，且生均教育经费均低于相应阶段普通教育经费生均指标，教育资源严重短缺。数据显示，高职教育经费投入总量严重不足，财政性教育经费、社会捐赠、企业投入等相对较少是这一现象的主要原因。从成本分担角度来看，学生个人及家庭对高职教育成本的分担比例较高，企业和其他社会力量对其成本的分担比例极低；政府对高职教育的财政投入也有待提高。

①　数据来源于 2014 年《中国教育经费统计年鉴》相关数据，或根据相关数据计算而来。

②　数据来源于 2014 年《中国教育经费统计年鉴》相关数据，或根据相关数据计算而来。

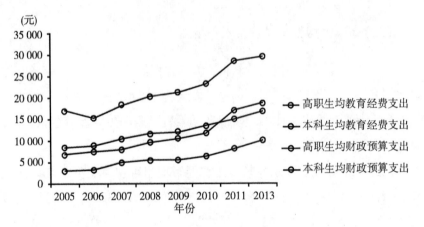

图 4-3　2005—2013 年高职生均教育经费支出情况表

(三)教育经费投入严重失衡

1. 教育系统内部财政教育经费分配失衡

近几年，我国政府对高等教育的财政投入逐年增长，但其总量与本科院校相差甚远，财政投入在高等教育内部的分配失衡。虽然随着政府对高职教育投入力度加大，两者在财政性教育经费的分配格局上发生了一定变化，但不平衡现象依然严重。2010 年，高职院校在校生数为 966万，占当年普通高校在校生数的 43%，投入到高职院校的财政经费仅为高等教育财政经费的 16.9%，仅为全国财政性教育经费总量的3.35%。同期投入本科院校的财政性经费为当年普通高等教育财政性经费的 83.1%，占全国财政性教育经费的比例高达 16.43%。到 2013 年，高职院校在校生数为 974 万，占当年普通高校在校生数的 40%，投入到高职院校的财政经费仅为高等教育财政经费的 17.2%，仅为全国财政性教育经费总量的 3.36%。同期投入本科院校的财政性经费为当年普通高等教育财政性经费的 82.8%，占全国财政性教育经费的比例高达16.23%，具体数据见表 3-9。

中央属与地方属的高职院校之间，两者在生均教育经费方面存在较大差异。从教育经费投入结构来看，中央属高职院校财政性教育经费占总收入的比例比地方属院校低 7 个百分点，但这并不意味地方高职教育得到了更多的财政投入。生均经费指标能够更好地反映两者所获得的教育经费的实际情况。2007 年以来，地方属院校生均教育经费与中央属高职院校的差距快速扩大，2007 年两者差距为10 844元/生，到 2011 年这一差距扩大为21 954元/生。这种差距同样存在于财政性教育经费方面，2011 年中央属院校生均财政性经费为14 823元/生，而地方属院校生均财政性经费仅为6 160 元/生，两者差额为8 663元/生①。可见，各种教育经费在高等教育内部的分配严重失衡。

2. 高职教育经费投入的地区不平衡现象严重

我国幅员辽阔，不同省区间的社会经济发展水平和消费水平存在较大差距，导致各省区高职教育投入及办学成本上的差异明显，图 4-4 直观地反映了这种省区间高职教育投入的不平衡。目前，我国大部分地区还没有制定职业教育生均经费配置的基本标准，各省区在职业教育生均经费投入及结构等方面差异巨大。

2013 年我国各省区高职生均教育经费，生均教育经费支出和生均公共财政预算教育经费支出分别为16 833元和9 977元，其中生均支出最高的北京这两项分别为51 426和40 426元，而生均支出最低的安徽这两项分别为11 569和6 043元。生均教育经费支出与公共财政预算教育经费支出的最高值、最低值之比分别为 4.44∶1 和 6.69∶1（具体数据见表 3-16），生均教育经费支出的巨大差异不仅仅是经济发展水平所致，也是各地对高职教育的重视程度的反映。

根据表 3-15、表 3-16 的数据，2013 年无论是生均教育经费支出还是生均财政预算教育经费支出，支出最高的省区与支出最低的省区之间

---

① 数据根据 2008 年和 2012 年的《中国教育经费统计年鉴》中央属、地方属高职院校教育经费收入和相应学生数计算而来，其中学生数来自于中华人民共和国门户网站 http://www.moe.gov.cn/s78/A03/moe_560/s8492/，教育统计数据（2008，2012）。

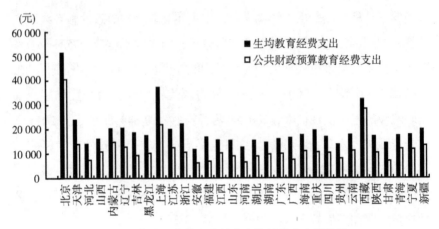

图 4-4　各省区高等职业教育生均经费支出情况图

的差距均有所减少，其中生均财政预算教育经费支出的差距从 2010 年的 10.43:1 大幅减少至 2013 年的 6.69:1。由此可见，近年来各地方政府特别是不发达省区对高职教育的公共财政预算经费投入有了大幅度提高，地区间的差距有了一定幅度的缩小，但地区间高职教育经费投入依然存在显著差异。

从高职教育经费来源结构来看，2013 年财政性教育经费和事业收入合计数占总收入比例的平均值高达 94%，各省区高职教育经费投入结构也存在较大差异。2013 年，我国高职教育财政性经费所占比重平均值为 57%，其最大值西藏与最小值福建分别占 91.5% 和 38.5%。全国有 27 个省区对高职教育的财政经费投入超过其事业收入及其他来源教育经费，14 个省区财政投入所占比例低于全国平均水平，其中福建、云南、广西三个省份的政性教育经费低于 50%。全国事业收入所占比重为 37%，其中学费占比为 32.1%，最大值与最小值分别为广东和西藏，其比例为 44.7% 和 6.6%。全国有十个省区的学费所占比例高于平均水平，而西藏、北京、新疆等 10 省区学费所占份额低于 25% 或在 25% 左右，其中西藏、新疆、青海、宁夏、贵州等省区经济发展水平较低，由此也可以看出各级政府在这些省区高职教育发展方面所做出的财政努力(具体数据见表 3-17)。

从教育经费与经济发展水平的关系看，全国高职教育生均经费指标与人均 GDP 基本协调，但部分省区的生均公共财政预算经费支出与人均 GDP 明显不相适应。根据表 3-16 的数据分析发现，2013 年浙江、广东、福建等多个省区的人均 GDP 指标排名与生均公共财政预算教育经费的排名之间的差距较大，出现比较严重的错位现象。部分省区高职教育经费财政投入水平与其经济发展水平不相适应，存在的不平衡现象较为严重。2013 年教育经费统计数据的相关性分析结表明果，我国各省区高职教育生均公共财政预算经费支出与人均 GDP 呈中等程度的相关性，具有统计学意义；各项经费来源中，生均学费与人均 GDP 相关性最强，其相关程度具有统计学意义。

二、从教育经费个人负担率及教育支付能力看成本分担现状

(一)高职院校在校生家庭收入与教育支出调查情况

据调查，2007 年我国高职教育在校生中农村学生占到在校生的65%。围绕在校生家庭收入与教育支出、家庭教育负担等相关情况，以湖北省宜昌市高职院校 2011—2013 级在校生为对象，以自然班级为单位，进行了随机整群抽样调查，具体结果见表 4-1。

数据显示，高职院校中来自农村的学生比例达 63%，县级以下(含县镇和农村)来源的学生比例高达 81%，另有 0.6% 的学生来自城镇低收入家庭。可见，来源于农村、城镇及城市低收入家庭的学生成为职业院校学生的主力军，在一定程度上反映了职业教育学生个人和家庭的教育支付能力有限，教育成本分担能力不足。关于职业教育支出负担的问卷调查也反映了相似结果，认为教育支出负担较重的高等职业学生比例高达 66%，在对"衣食住行、教育、医疗"三项支出进行排序时，73%的学生将教育排在了首位。

表 4-1　某市高职院校在校生家庭收入与教育支出调查结果汇总表

项　　目	人数(1)	人数(2)
生源(1. 城市　2. 县镇和农村)	96	407
收入稳定性(1. 稳定　2. 不稳定)	126	377
家庭年收入(1. 农村大于30 000或城市大于50 000 　　　　　2. 农村小于30 000或城市小于50 000)	171	332
家庭支出排序(1. 教育居首位　2. 其他)	182	367
教育支出(1. 大于20 000　2. 小于20 000)	368	135
负担很重需全部或部分借钱上学(1. 不需要　2. 需要)	136	376
获得奖助学金(1. 获得　2. 未获得)	92	411

(二)高职教育经费个人负担率分析

学生个人和家庭作为职业教育的主要受益者，是教育成本分担的重要主体，其对教育成本的分担形式表现为学费。2012 年 9 月开始，国家已将中等职业教育免学费范围扩大到所有来自农村(含县镇)学生，因此本节主要对高职教育的学费负担进行分析。在分析教育成本分担状况时，教育经费个人负担率是一个非常重要的指标。它以个人学费与人均收入的比率来表示，该比率越大表明个人及家庭接受教育的经济负担越重。许多国家对学费标准与居民人均收入及家庭收入的关系进行了大量研究，提出了值得参考的比例。资料显示，美国自 20 世纪60—90 年代初的全日制在校生学(杂)费占国民人均可支配收入的 10%左右，同期日本家庭供养一名大学生所需费用占家庭年收入的 15%左右；中等收入国家全日制在校生学(杂)费一般占人均可支配收入的 20%～30%左右，而在低收入国家这一比例超过 50%。从世界范围来看，学费占家庭收入的比重一般在 20%左右，不少实行收费制度的国家将公立学校的"学费–家庭收入比"定为 15%～25%。

根据 2006—2013 年中华人民共和国统计局公布的《中国统计年鉴》

相关数据，对高职教育经费个人负担率进行了计算分析，具体结果见表4-2。数据显明，我国高职教育成本分担现状不容乐观，且城乡居民的教育经费个人负担差距较大。六年来，城镇居民高职教育经费个人负担率缓慢上升，2010 年这一指标为 0.24，2011 年起有所下降，2013 年为 0.18。学杂费占城镇居民家庭年可支配收入的比例不超过 10%，个人负担相对较小，与美日等发达国家高等教育学费个人负担水平相当。而农村居民学费负担较重，这一指标持续上升到 2008 年的 0.83，之后缓慢下降，2013 年农村居民的高职教育经费个人负担率为 0.56，即年生均学费水平超过农村居民人均纯收入的近 60%，可见我国农村居民对高职教育经费的个人负担过重。

表 4-2　　　　　　　　　高职教育经费个人负担率

年份	2005	2006	2007	2008	2009	2010	2011	2013
年均学费(元)	2 066	2 381	3 509	3 951	4 169	4 512	4 641	5 000
城镇居民人均可支配收入(元)	10 493	11 760	13 786	15 781	17 175	19 109	21 810	26 955
农村居民纯人均收入(元)	3 255	3 587	4 140	4 761	5 153	5 919	6 977	8 896
个人负担率(城镇)	0.20	0.20	0.25	0.25	0.24	0.24	0.21	0.19
个人负担率(农村)	0.63	0.66	0.85	0.83	0.81	0.76	0.67	0.56

注：个人负责率(城镇)指标为年均学费与城镇居民人均可支配收入之比，个人负担率(农村)为年均学费与农村居民纯人均收入之比。

(三)居民家庭对高职教育的支付能力分析

从职业教育经费支付能力原则看，学费标准不应超出学生及家庭平均承受能力。2012 年，国家已对农村学生及城市低收入家庭的中职学生全部纳入免学费范围，因此这里仅讨论居民对高职教育的支付能力。

居民对高职教育的支付能力，不仅要考虑居民对高职院校教育成本的分担能力，还应考虑在校生的生活、通信、交通、其他杂费等完全由个人和家庭承担的费用。根据目前统计数据的公布情况，此节仅以中华人民共和国公布的 2012 年分等级居民家庭基本情况与消费性支出统计数据，假设每户有一人接受高职教育，计算出各组家庭年均收入扣除在校高职生之外的其他家庭成员必要年均支出后的净额，表示家庭对高职教育的承受能力。农村居民按收入五等份分组，城镇居民按照收入等级分为七组，分别占不同比例。按各组户均人口、人均收入及支出等数据，计算不同收入等级的家庭对高职教育的平均支付能力，具体数据见表 4-3。

表 4-3　　　　2012 年分等级城乡居民家庭高职教育支付能力　（单位：元）

项目	全国	按收入等级分						
		最低收入户 10%	较低收入户 10%	中等偏下户 20%	中等收入户 20%	中等偏上户 20%	高收入户 10%	最高收入户 10%
城镇家庭每户常住人口（人）	2.87	3.3	3.2	3.01	2.82	2.67	2.57	2.53
农村家庭每户常住人口（人）	3.90	—	4.4	4.2	4.0	3.6	3.2	—
城镇人均可支配收入	26 959	9 206	13 725	18 375	24 531	32 759	43 471	69 877
农村人均纯收入	7 917	—	2 316	4 808	7 041	10 142	19 009	—
城镇人均消费性支出	16 674	7 301	9 610	12 281	15 720	19 830	24 797	31 662
农村人均消费性支出	5 908	—	3 742	4 464	5 430	6 924	10 275	—
家庭支付能力（城镇）	46 192	13 588	22 778	30 624	405 672	54 350	72 789	128 346
家庭支付能力（农村）	13 743	—	-2 532	5 909	11 874	18 509	38 224	—

第一节 现行职业教育成本分担机制存在的问题 | 101

按 2013 年学费水平及消费水平，假定高职在校生平均支出为
20 000元/年。其中，学费5 000 元、住宿费1 200 元、生活费13 000 元
（含餐饮、服装、交通费、通信费等）、教材资料费 500 元、其他学习
培训等费用 300 元。按这一假定与表 4-2 数据对比发现，城镇约 10% 的
最低收入家庭及部分中低收入家庭无法承受高职教育支出负担，而农村
家庭只有 20% 的高收入家庭可以接受高职教育支出水平，80% 左右的农
村家庭承担高职教育费用能力不足。按 2012 年全国农村居民人均纯收
入和人均消费性支出水平计算，培养一名高职生的总支出相当于一个农
民不吃不喝 8.3 年的纯收入，若考虑必需的基本消费支出则需要一个农
民 29.9 年的收入。若按照我国高职教育目前的生源结构，以加权平均
法计算，约 56% 左右的高职学生支付能力较差，负担较重，教育成本
分担能力明显不足。

三、从教育经费弹性系数看高职教育成本分担现状

在分析教育成本分担状况时，教育经费弹性系数具有重要指示作
用。教育经费弹性系数是指教育经费增长率与反映国民经济总量和人均
指标的增长率比值的动态指标，如国家财政性教育经费弹性系数、个人
学杂费弹性系数、生均教育经费弹性系数等。国家财政性教育经费弹性
系数是指国家财政性教育经费的增长率与国内生产总值或国家财政收入
增长率之比。个人学杂费弹性系数是指个人学杂费的增长率与人均国内
生产总值或人均收入增长率之比。当弹性系数等于 1 时，表示教育经费
与 GDP 或收入指标同步增长；当弹性系数大于 1 时，表明教育经费增
长快于经济增长，并且教育经费参与新增国民收入分配的比重有上升趋
势；当弹性系数小于 1 时，则表明尽管教育经费绝对量可能增大，但其
增长速度慢于经济增长速度，新增国民收入中教育经费集中度下降。因
此，教育经费弹性系数的大小可以反映国家和受教育者个人对教育的重
视程度、努力程度和负担程度。指标值越大，表明该成本分担主体对教

育重视和努力程度越高，负担也越重。

(一)以环比增长率计算的教育经费弹性系数分析

以近几年我国政府实际财政收入及城乡居民人均可支配收入为基础，利用相关统计数据计算 2006—2011 年高职教育各项教育经费弹性系数，结果如表 4-4 所示(由于 2013 年及 2015 年以后教育经费统计年鉴尚未公布，本节仅选取 2011 年以前的数据进行环比指标的计算和比较)。

表 4-4 高职教育经费增长率及弹性系数

项　目	2006	2007	2008	2009	2010	2011	年均增长率及弹性系数
国家财政收入增长率	22.47%	32.41%	19.50%	11.72%	21.28%	24.8%	21.91%
城镇居民可支配收入增长率	12.07%	17.23%	14.47%	8.83%	11.26%	14.13%	12.97%
农村居民纯收入增长率	10.20%	15.43%	14.99%	8.23%	14.87%	17.87%	13.55%
国家财政性教育经费增长率	32.8%	47.5%	44.2%	18.5%	23.8%	20.13%	33.6%
生均财政性教育经费增长率	19.06%	36.31%	35.32%	12.61%	23.67%	38.3%	27.17%
生均学杂费增长率	15.28%	47.37%	12.58%	5.51%	8.23%	2.87%	14.44%
国家财政教育经费弹性系数	1.46	1.47	2.27	1.58	1.12	0.81	1.53
生均财政教育经费弹性系数	0.85	1.12	1.81	1.08	1.11	1.54	1.24

续表

项　目	2006	2007	2008	2009	2010	2011	年均增长率及弹性系数
个人学杂费弹性系数（城镇）	1.27	2.75	0.87	0.62	0.73	0.20	1.11
个人学杂费弹性系数（农村）	1.50	3.07	0.84	0.67	0.55	0.16	1.07

注：国家财政教育经费弹性系数＝国家财政性教育经费增长率/国家财政收入增长率；

生均财政教育经费弹性系数＝生均财政性教育经费增长率/国家财政收入增长率；

个人学杂费弹性系数（城镇）＝生均学杂费增长率/城镇居民可支配收入增长率；

个人学杂费弹性系数（农村）＝生均学杂费增长率/农村居民纯收入增长率。

　　2005—2011 年，生均国家财政性教育经费弹性系数均小于同年度国家财政性教育经费弹性系数，且两者差距较大。表 4-4 的数据表明，这一期间政府对高职教育的财政投入虽有较大幅度增长，但财政性教育经费的增长速度远远跟不上高职教育规模发展对教育经费的要求。个人学杂费弹性系数值波动较大，城镇居民个人学杂费弹性系数最大值为 2.75，农村居民个人学杂费弹性系数最大值为 3.07，最大值均出现在 2007 年。2007 年人均 GDP 人均居民收入都出现了大幅增长，而学杂费则出现了更大幅度的上涨，致使个人学杂费弹性系数成倍放大，学生及家庭负担明显加重，之后几年个人学杂费弹性系数呈大幅下降趋势。2009 年，国内生产总值和国家财政收入增长率均为这一时期的最低点，财政性教育经费的增幅出现回落但依然保持了较高的增长率，学杂费增长率则大幅回落 5.51%，致使当年的个人学杂费弹性系数处于较低水平，学生及家庭负担相对较轻。2010—2011 年，财政性教育经费的增长率有所回升，加上当年高职在校生规模基本保持稳定，使得生均财政性教育经费增长率较大幅度提高；2011 年个人学杂费增长率较低，明显低于居民收入的上涨速度，因此其个人学杂费弹性系数成为这一时期的最低值，而财政教育经费依然保持了较高的增长率。

可见，虽然经济危机对经济造成了不利影响，但国家对高职教育的投资依然有较大增幅，做出了较多的财政努力，在一定程度上弥补了居民家庭支付能力的不足。这一时期，国际经济风云变幻，但国家对高职教育财政投入不断加大，政府在高职教育成本分担中扮演了越来越重要的角色，逐渐成为其成本分担的主体。

(二)以年均增长率计算的教育经费弹性系数分析

上述弹性系数表达的意义只代表一种趋势，不具有绝对数学含义，在较长时期内观察更有现实意义。因此，本书以这一时期的年均增长率指标进行了教育经费弹性系数分析。结果表明，以年均增长率计算的城镇和农村居民个人学杂费弹性系数分别为 1.11 和 1.07，表明这一期间学生个人及家庭对高职教育投入的平均增长率均大于其人均可支配收入的平均增速，经济负担较重。以年均增长率指标计算的生均财政性教育经费弹性系数 1.24，小于财政性教育经费弹性系数 1.53。事实上，对于学生个人及家庭而言，学费只是其对高职教育投入中变化相对较小的一部分，若以其总投入计算，其弹性系数将可能大幅增加，由此可见学生个人及家庭经济负担较重。总体来说，这一期间对高职教育财政投入的增长速度较快，但跟不上规模发展对教育经费的需要，各级政府有必要进一步调整支出结构，盘活存量资金，加大对高职教育的财政投入。

第二节　我国高职教育预算拨款制度存在的问题

一、高职教育预算拨款制度现状

随着社会经济的发展，人们对高等教育的要求从"有学上"转变为

"上好学"，但现阶段我国高职教育"大而不强"，高职教育办学质量引起社会各界的高度关注。近几年，政府对高职教育投入不断增加，但与现行高职教育规模对资金的巨大需求相差甚远。虽然各地陆续建立了以绩效为导向的高职院校生均拨款制度，但职业教育经费不足、资源短缺的问题依然突出。

2002 年，由于国家预算制度的变革，高等教育财政管理改变了以往"综合定额+专项补助"的模式，变为"基本支出加项目支出预算"拨款模式，基本支出解决高校正常运转、完成日常工作任务所需的经费，项目支出预算主要解决大型修缮和某些专项业务活动所需的经费，实行项目管理。

目前，我国高职教育普遍采用的实质上仍然是综合定额拨款模式，主要以学生数为基础，按确定的生均定额标准核定高职院校的正常教学经费，同时根据事业发展需要设立部分专项资金。各省区具体拨款模式又各有特色，有些省区先按教师编制数和人员定额标准计算基本支出拨款，再结合生均拨款标准和学生数确定拨款总额，倒挤出项目支出拨款额度；有些省区直接按生均拨款基本标准和学生数计算拨款总额，另外安排部分项目支出。这种拨款模式有力地推动了高等教育的大众化发展，调动了高职院校办学的积极性，在我国高职教育规模发展和质量提升方面作出了重大贡献，促进了我国高职教育事业的发展。

近几年，部分省区在高职教育拨款方面引入了专业调整系数，其预算拨款在一定程度上体现了专业办学成本差异。由于高职院校大多由地方政府举办，按照现行财政体制和职业教育"分级管理、地方为主、政府统筹、社会参与"的管理体制，地方是建立完善所属公办高职院校生均拨款制度的责任主体，我国高职院校主要由各级地方政府进行财政投入，中央财政按照地方对高职教育的财政投入等情况给予一定的综合奖补。但由于各地经济发展水平不同，加上政府对高职教育重视程度的差异，高职教育的财政投入也呈现出巨大差异，2013 年高职教育生均公共财政预算支出最高与最低相差 6.7 倍，生均公共财政预算支出之差高达34 383 元/生(具体数据见表 3-17)。这种差异不仅表现在全国各省区之间，也同样存在于省区内不同地市之间。

以湖北省为例，2016 年生均高职财政拨款(以 12 月份决算快报数)最高的市州超过22 000元/生，而最低的市州仅7 000多元，与12 000元的国家标准相关甚远。全省举办了高职教育的地市州共 14 个，其中仅 5 个地区高职教育的生均公共财政教育支出达到12 000元的国家标准。数据也显示，湖北省公办高职院校中，22 所省属高校已提前一年达到 12 000元生均财政拨款标准的目标，但大多数地市州所属高校离12 000元的生均标准还有一定距离。

二、现行高职教育预算拨款制度的主要缺陷

从实质上看，现行"基本支出加项目支出预算"拨款模式与之前的"综合定额+专项补助"模式都存在着类似的缺陷，主要包括：

(1)现行高职预算拨款制度不完善，政策导向不够明确。对高职内涵建设和质量提升的激励引导不足，缺乏有效的考评绩效激励和约束机制，导致地方政府高职教育财政投入积极性不高，效果欠佳，高职院校绩效意识不够，资金使用效率低下。

现行"基本支出加项目支出预算"模式下，各地高职教育基本以办学规模即在校学生数为主要参数，绩效考核或考核结果在预算拨款实际工作中应用不够。一方面导致了高职院校为获得更多财政拨款而盲目扩招，甚至以拙劣手段进行恶性竞争，各校专业设置雷同，粗糙的资金分配方式引起资源配置不公平等一系列问题；同时，也导致了高职院校对内涵建设和资金使用效果不重视，甚至不顾自身特色和优势，一味追求数量规模和层次结构上的盲目扩张与升级，贪大求全，致使不同类型高职院校的学科专业同质化现象严重，导致财政资金的大量重复投资，造成国家和社会资源的浪费。

(2)市州高职财政资金分配时缺乏合理的专业拨款系数，无法体现

国家和地方高职教育专业发展和社会需求的政策导向。一方面导致各地现行专业拨款系数受人为因素影响较大，另一方面许多地市州分配资金时未引入专业折算系数，仅以学生数为基础进行资金分配，导致工科、医学等各类办学成本较高的专业与普通文科专业的生均拨款标准均等化，不利于学科和专业发展，不符合社会发展对人才的需求，同时也导致了高职院校争办所谓低成本的"热门"专业，致使各校专业设置雷同，加剧了高职院校间的无序竞争。

（3）缺乏动态调整机制，忽视拨款增幅与物价涨幅的关系。预算拨款制度中动态调整机制的缺乏，公用经费和人员经费的变化不能及时得到反映，导致高职成本压力增大，只能在优先满足人员经费的条件下低成本运行，影响高职质量提升和内涵建设。

（4）缺乏系统的高职教育项目支出体系。目前，各地高职教育基本没有科学的项目支出体系，导致各地高职教育项目支出受人为因素影响空间较大，项目设置不合理、缺乏竞争力等问题，不利于高职教育的长期发展。

2017年将是高职教育生均拨款制度全面实施的一年，面对突如其来的"暴富"，很多学校还没有做好准备，没有找到发展方向和用钱的路子，资源配置的公平与使用绩效必将受到更加广泛的关注。在当前国家经济新常态和财税体制改革的大背景下，面临高职教育综合改革和质量提升的新阶段，迫切需要对高职教育预算拨款制度进行深入研究，找出高职教育现行预算拨款制度存在的主要问题，改革和完善我国高职教育预算拨款制度促进高职教育健康发展。

第三节 原 因 分 析

综上所述，我国职业教育经费投入不仅投入量严重不足，投入结构不合理，在不同层次、不同属性、不同地区之间存在较大差距。教育资源的非衡性，加上职业教育在校生家庭来源的结构不平衡，导致我国职业教育学生个人及家庭支付能力较差，教育成本分担现状不容乐观。政府对高职教育的投入有限，企业及其他社会力量对高职教育成本分担比例极低，必然导致高职教育的个人负担率较高，教育经费投入不足，高职教育资源严重短缺。同时，我国高职教育现行预算拨款制度的不完善，政策导向不明确，缺乏有效的激励和约束机制，导致高职院校绩效意识不够，资金使用效率低下等诸多问题。

造成这一现状的原因很多，包括职业教育的社会认同度不高、政策与法律环境、教育投入与平衡机制、保障与监督机制、绩效激励与约束机制不完善等多方面的原因。

一、社会对职业教育的重视程度不够

传统的精英教育思想、等级制度和身份观念在中国社会根深蒂固，认同度不高成为当今社会对职业教育的主流思想。特别是高职教育，从一开始就面临着精英教育文化的冲击。在长期的精英教育制度下，形成了普通高等本科教育是主流高等教育的大众观念。职业教育被认为是"次等教育"，职业院校成了学生和家长无奈的选择，职业教育被视为落榜者延缓就业的方式。受到这种思想的影响，政府、个人和社会团体都倾向于投资普通教育，忽视对职业教育的经费投入。大多数地方政府在职业教育的宏观环境及具体政策的制定及实施方面都显得认识不到位、力度不够，使职业教育处于不利地位，客观上必然强化传统的教育偏见。这种观念上的不重视，正是职业教育投入不足的罪魁祸首，也是造成职业教育投入严重失衡的重要原因。

二、相关法律与制度、政策不健全

2012 年，中国教育报对来自全国 29 个省区和数十个地级市的高职院校校长进行了我国职业教育发展的现状、问题与改革方向的调查。在"您认为我国高职院校最大的问题是什么"这个问题的回答中，74.7%的校长选择了"经费问题"，66.7%的校长选择了"政策问题"。除了贫困生资助政策之外，法制化建设、经费投入政策、招生政策、就业制度、评估评价制度、资格证书制度、学校办学自主权、师资培养与选用等政策和制度的满意度都不高。其中，法制化建设、经费投入政策、评估评价制度、学校办学自主权政策等的评价尤其差，好评率均低于15%。可见，政策问题与经费问题一样成为制约职业教育发展的两大突出问题。通过修订和完善各项法律、制度和政策来明确各级政府的职责，规定各类教育的投资标准，才能使教育投入有法可依。

三、缺乏成熟与完善的财政投入机制

1998年我国高职院校在校生117万，1999年开始高校扩招，2010年增长到966万，在校生人数扩大了七倍多，这一时期中等职业教育规模也迅速扩大。政府投入虽有较大幅度增长，但与职业教育规模快速扩张对经费投入的巨大需求相差甚远。现有职业教育财政投入机制已经不适应职业教育发展的需要，这必然要求财政投入机制进行相应变化。

(一)各级政府对职业教育的投入责任不明确

我国的教育投入体制中，缺乏对各级政府公共财政教育投入的强制性约束机制。目前，我国既没有从政策上也没有从法律上规定各级政府对职业教育的投入比例，致使各级政府投入责任不明确。从教育经费投资的分配情况看，我国地方政府投入的财政性教育经费约占全国财政性教育经费的90%，承担了较大的投入责任。但地方政府往往由于财力有限、任期较短，对绩效周期较长的教育投入不积极。各级政府更倾向于为看得见效益的经济项目投资，在教育投资中更倾向于传统的精英教育投资，占据了高等教育半壁江山的高职教育甚至沦为地方的"剩余财

政"。

全国人大代表、广东省教育厅厅长罗伟其指出,《国家中长期教育改革和发展规划纲要》应当明确中央和地方政府教育投入的责任,地方政府本级财政支出中教育支出应不低于20%。关于各级政府的教育投入分配比例的合理性,一直是各国政府探讨的重要课题,但各国对此都有严密而明确的法律规定。比如德国法律规定,教育投入中,联邦政府应占10%左右,州政府应占65%以上,州以下政府占20%左右。相比之下,我国既没有从政策上也没有从法律上规定各级政府的教育投入比例,体制的漏洞致使各级政府投入责任模糊、无法可依。

(二)预算拨款制度亟待改进

目前,政府对职业教育经费投入的主要目标是覆盖面大,保证了教育在一定程度上的公平,但缺乏相应的激励机制。为保证经费投入目标的实现,会通过行政手段直接干预职业教育的内部事务,会对教育机构的经营者产生非生产性激励效应,导致教育机构效率低下。经费投入及使用效率的绩效评价尚处于起步阶段,对学校经费使用的监督和控制不够,这也在一定程度上降低了职业教育经费使用的效率。伴随着我国职业教育从规模发展到质量发展理念的转变,"综合定额+专项补助"和"基本支出预算+项目支出预算"的拨款模式及其影响而带来的问题已经越来越突出,单一导向的拨款机制,加剧了我国不同属性、不同层级、不同省区高职院校间的经费投入的不平衡,客观上导致了职业院校盲目扩大规模,甚至出现高职招生地方保护主义、虚假宣传、变相诋毁兄弟院校等恶性竞争现象。现行拨款制度缺乏有效分类和合理差异,各专业拨款系数的确定受人为因素影响较大,无法科学地体现不同专业的办学成本,无法发挥专业设置导向作用。

虽然近几年我国高职教育预算拨款制度的不断完善,促进了办学质量的提升,增强了社会服务能力,在一定程度上解决了"上学难"的问题。但现行高职教育预算拨款依然存在不同地区、不同属性、不同层次院校的差异较大等问题，粗糙的资金分配方式导致资源分配不公平、不合理；投入型拨款机制导致高职成本意识缺乏、绩效意识不够，高职教育财政投入整体绩效不高；缺乏多元化拨款导向、绩效激励机制和动态调整机制，拨款政策导向不明确，对高职教育内涵建设的引导不足，不利于高职教育领域的综合改革与长远发展。

目前，各省区均已按照中央要求建立以绩效为导向的高职生均拨款制度，提出 2017 年高职生均财政拨款不低于 12 000 元的标准，但由于各地财政投入绩效评价、资金管理办法或实施细则、财政拨款制度的推进与建设工作相对滞后，导致现行高职教育财政拨款缺乏科学有效的分配与激励机制。

(三)缺乏必要的财政性教育经费平衡与协调机制

由于在财政体制改革和教育体制改革的过程中，并未在划分政府间教育事权职责的基础上相应建立规范的教育财政转移支付制度，国家财政缺乏必要的教育平衡与协调机制，导致不同地区、不同属性的职业院校之间教育经费差异更显突出。从 2013 年的分地区高职教育生均公共财政预算教育经费支出数据来分析，最高与高低省区的生均指标之比达到 6.7：1，中等职业教育这一指标的最高与最低省份之比也高达 4.3：1，远远超出经济发展水平、教育成本等方面的差距。

事实上，这种差距还广泛存在于本科与高职院校、中央与地方院校、示范与非示范院校之间。我国教育投入上一直存在"锦上添花"和"形象工程"的问题，而职业教育发展需要的是"雪中送炭"，需要在满足学校基本运转的基础上，提高教育质量，进行内涵建设。可见，我国财政部门和职业教育管理部门急需创建有效的教育经费平衡机制。

(四)绩效考评制度与监督机制不健全

我国现行的职业教育财政投入机制中，对于财政投入绩效的考评还未形成有效、健全的评价和监督机制，职业教育经费绩效管理的基础薄弱。一是缺乏对地方政府财政投入监督检查与考核评价与奖惩机制，导致地方政府对职业教育的投入力度不足，监督乏力。二是对拨款效益的分析评价制度不健全，不能准确地反映财政性教育经费使用的经济性、效率性和有效性，缺乏有效的考核监督。

2012 年以来，我国财政性教育投入连年超过 GDP 的 4%，但对于增加的教育投入能否使用到位，达到预期的目标与效果，公众一直心存疑虑。公众关注问题是，投入到某一项目、领域的经费可能会存在跑冒滴漏、挤占侵吞，或者资金使用效果不好、效率不高等现象。近几年，基础教育出现的学生"营养餐"问题、盗版《新华字典》、"照片补助"等类似问题，不管是企业或学校良心缺失，还是政府及相关部门监管不力，都说明有必要完善财政教育投入及财政资金应用的检查、评价与监督机制。

只有通过建立地方政府职业教育经费财政投入及教育机构应用财政经费的监督检查与相应的考核评价奖惩机制，将教育经费的财政投入与使用效益纳入地方政府及教育机构的业绩考核体系，让地方政府和相关机构对教育经费投入不足、被挤占、被挪用、效益低下等行为承担相应责任，才能确保地方政府财政教育投入及时足额到位，并高效地发挥作用。

在新的形势下，建立完善以改革和绩效为导向的职业教育生均拨款制度，进一步加大职业教育投入，逐步健全多渠道筹措职业教育经费的机制，鼓励引导社会社会力量举办职业教育，有利于推动职业深化改革，整体提高现代职业教育办学水平和人才培养质量。

四、生均财政拨款与学费制定缺乏科学依据

财政性教育经费和学费收入是我国职业教育经费的主要来源。目前，我国职业教育财政拨款和学费都没有统一标准，名义上受国家宏观调控，财政拨款和学费的制定权实际上掌握在地方政府手中。1999 年，

《关于深化教育改革全面推行素质教育的决定》规定高职教育的年生均学费水平最高不得超过年生均教育成本的 25%。但人才培养过程有其特殊性，生均教育成本很难量化，目前我国还没有统一量化的职业教育标准成本，导致职业教育的生均财政拨款及学费制定缺乏科学依据。

生均财政拨款标准是公共财政向职业教育投入的基本依据，也是建立职业教育成本分担机制和经费稳定增长机制的制度基础。1996 年《职业教育法》规定，各省、自治区、直辖市人民政府应当制定本地区职业学校学生人数平均经费标准，国务院应当会同国务院财政部门制定本部门职业学校学生人数平均经费标准。2005 年《国务院关于大力发展职业教育的决定》强调，省级政府应当制定本地区职业院校学生人数平均经费标准。《国家中长期教育改革和发展规划纲要(2010—2020 年)》再次强调，各地根据国家办学条件基本标准和教育教学基本要求，制定并逐步提高区域内各级学校学生人均经费基本标准和学生人均财政拨款基本标准。

近几年，各级财政加大了对职业教育的投入。2012 年，已有辽宁、上海、江苏、浙江、福建、河南、湖南、重庆、新疆等省(区、市)出台相关文件，制定了职业教育生均拨款标准，为职业教育发展提供了有力保障。教育部职业教育与成人教育司司长葛道凯指出：高职院校生均拨款全面实施将是大势所趋。

2013 年，湖北省教育厅、财政厅印发了《关于进一步提高公办高职院校生均财政拨款水平的通知》(鄂教财〔2013〕14 号)，明确提出 2014 年全日制公办高职院校生均拨款水平达到 5 000 元。2014 年，财政部、教育部印发《关于建立完善以改革和绩效为导向的生均拨款制度加快发展现代高职教育的意见》(财教〔2014〕352 号)，明确规定 2017 年各地高职生均拨款不低于 12 000 元。尽快建立职业教育的生均拨款机制，对职业教育的发展具有十分重要的意义。截至 2015 年 12 月，全国 31 个省份已经全部建立高职院校生均拨款制度。

五、社会捐赠意识缺失与捐赠机制不完善

在发达国家，社会捐赠文化氛围较浓，捐赠资金已成为筹集教育经费的主要渠道。20 世纪 90 年代以来，美国高教成本分担主体中，政府投入、社会捐赠和社会服务收入、学费已呈现出"三足鼎立"之势。美国的社区学院捐赠资金在 10% 左右，并且趋势稳定。日本公立高职院校的私人捐赠占学校总收入的 15%，而私立高职院校则超过 50%。英国高职院校经费中，私人捐赠一般占 7% 左右。此外，法国、韩国的高职院校每年也可获得一定的捐赠资金。

目前，我国职业教育经费中，社会捐赠所占比例极低。高职教育经费总收入中，来自社会捐赠的份额不足 0.3%，中等职业教育社会捐赠收入所占比例略高，但也只有 1% 左右。可见，我国的社会捐赠尚处于起步阶段，社会捐赠意识薄弱，相关法制和管理体制有待进一步完善。

1999 年公布的《中华人民共和国公益事业捐赠法》规范了社会捐赠人对非营利事业单位捐赠的具体办法、捐赠和受赠范围、优惠措施和法律责任。没有针对职业教育捐赠的法律法规或相关条文，也没有明确捐赠者享有的具体优惠政策。捐赠资金由财政等部门统一管理，经过二次分配划拨到各级教育机构，最终划拨到高职教育院校的捐赠资金极少。教育部门和教育机构被动等待社会捐赠的分配，获得捐赠的主动权缺失，使我国职业教育乃至整个教育系统难以真正实现多元化的筹资渠道。一般来说，办学质量和知名度是赢得社会捐赠的重要因素，这也成为职业教育极少获得社会捐赠的原因。但近几年统计数据显示，办学质量和知名度较高的中央属职业院校连续三年未获得任何捐赠资金。这一现象从侧面反映出职业院校接受捐赠的意识淡薄，对捐赠筹资的重视程度不够；对自身的宣传不到位，难以引起企业、社会团体和个人关注；未充分利用政策支持开展各种筹资活动，导致我国职业教育吸引社会捐赠的能力较弱。

我国职业教育难以获得社会捐赠资金，主要原因可归纳为四个方面：一是法律法规不完善，管理制度不健全；二是社会各界对职业教育认同度不高，难以引起捐赠者关注；三是职业教育毕业生所处的社会层次相对较低，导致职业院校很难获得校友捐赠；四是捐赠事业公信力不足，如捐赠资金分配不透明、捐赠组织监督不力、受赠资金使用问题等。可见，发展规范化、系统化的社会捐赠事业是职业教育乃至整个教育界的当务之急。

六、社会服务能力较弱，学校自身成本分担能力不足

在职业教育社会服务和校办产业发展方面，澳大利亚和美国有其成功经验。澳大利亚 TAFE 学院通过社会服务和海外培训等方式自身筹集的教育经费约占教育总经费的 25%～30%，美国社区学院在校办产业和社会服务收入也超过其教育经费总收入的 20%。

2007 年以来，我国高职教育校办产业及社会服务收入仅占财政性教育经费收入的 0.2%～0.4%，占整个高职教育经费总收入的份额徘徊在 0.08%～0.17%，中等职业教育校办产业和社会服务收入占其总收入的比例也在 0.1% 左右①。可见，我国职业教育校办产业和社会服务用于教育的经费所占比例极小。每年教育部、科技部公布的数据表明，校办产业日常经营范围中大多数项目与学校科研和社会服务无关，所获利润中用于高职教育的份额也逐渐减少。因此，加强对职业院校校办产业和社会服务收入的管理显得尤为重要。政府应鼓励职业院校积极结合自身特点，发挥人才与技术优势，开展社会服务，鼓励职业院校将校办产业及社会服务收入用于教育事业，拓展教育经费来源渠道，以弥补其教育经费的不足。

———————

①　数据根据 2008—2014 年《中国教育经费统计年鉴》全国教育经费收入相关数据计算而来，具体见表2-5。

　　总之，随着职业教育财政投入的增加，政府已成为我国中等职业教育成本的最大分担主体，学生个人和家庭分担比例较小，但仍然处于整体投入水平不足，中等职业教育办学条件及办学水平有待进一步提升。而高职教育成本分担结构中，财政性教育经费较少，个人和家庭承担的学杂费比重较高，学生个人及家庭负担较大，企业等其他社会力量对职业教育投入较低。职业教育生均经费均低于相应阶段普通教育经费生均指标，教育资源严重短缺；同时，教育系统内部财政教育经费分配失衡，职业教育经费投入的地区不平衡等现象依然存在。

　　造成这一现状的原因是多方面的，主要包括社会对职业教育的认知度不够，相关法律与制度、政策不健全，缺乏成熟与完善的财政投入机制，生均财政拨款与学费制定缺乏科学依据，社会捐赠意识缺失与捐赠机制不完善，社会服务能力极弱，学校自身成本分担能力不足等。因此，建立适合我国国情的职业教育成本分担机制应充分考虑这些因素。

第五章　建立适合我国国情的高职教育成本分担机制

　　按照萨缪尔森的公共产品理论，职业教育属于介于私人产品和公共产品之间的准公共产品，应当由政府和市场共同提供。职业教育为社会发展培养了大量实用型人才，使全社会受益；职业教育毕业生主要就业于各级各类企业，在获得个人收益的同时也给社会带来了福利，满足了企业对高技能人才的大量需求，为企业创造了可观的经济效益。政府、企业、个人及社会各方都成为职业教育的受益者。根据权利与义务对等原则及"谁受益谁支付"的原则，受益各方理应成为高职教育成本的分担者。教育成本分担指的是教育成本由谁支付、如何支付的问题，即教育成本如何在政府、企业、个人等社会各方之间合理分担并最终实现的问题。

　　一般来说，职业教育成本分担机制的建立和运行受到多种因素的影响，概括起来主要包括四个方面：一是政策与法律法规环境因素，二是意识形态与社会文化因素，三是政府、企业与个人收入状况及能力，四是职业教育收益情况。因此，建立适合我国国情的职业教育成本分担机制必须考虑这些因素的影响。我国职业教育经费投入总量、生均教育经费不足，经费投入结构及成本分担比例不尽合理，建立合理的成本分担机制，成为我国高职教育发展的当务之急。针对这种现状，国家应加大政府对职业教育的投入，强化企业对教育成本的分担责任，合理确定学费标准及资助政策，建立政府主导的以学生个人及家庭、企业等其他社会力量为重要主体的职业教育成本分担机制，以实现公平的职业教育。

第一节 从战略高度推进制度改革

一、从战略高度认识职业教育投入的重要性

从现实来看，职业教育仍然是我国教育发展的薄弱环节，不适应社会发展的需要。职业教育被认为是"次等教育"，是学生"无奈的选择"，许多地方政府对职业教育不重视，投入严重不足。导致这一现象的原因很多，职业教育的社会认同度不高是其深层次原因。

因此，国家应加大宣传力度，同时完善岗位准入制、学历学位制、高考招生等相关制度，提高职业教育的社会认同度。各级政府要从现代化建设、小康社会建设的大局出发，深刻认识加强职业教育的重要性和紧迫性。日本、德国、美国之所以成为世界工业强国，与其对职业教育的高度重视是分不开的。可以说，职业教育的成败决定了国家工业的未来，是将人口压力转化为人力资源优势的重要途径，是促进三农问题解决的必然选择。

我们必须转变观念，不能将职业教育支出仅仅看作一项消费性支出，而应将其作为事关国力强弱、民族兴衰、地区发展的基础性、战略性、资本性投资。各地政府应优化财政支出结构，统筹各项收入，将职业教育作为财政支出重点领域予以保障。

二、完善法律法规与制度建设，保证职业教育经费投入

(一)加快立法，理顺政府间财政与教育事权关系

虽然按照我国现行的财政体制和职业教育"分级管理、地方为主、

政府统筹、社会参与"的管理体制，已明确地方是建立、完善所属公办职业院校的责任主体，负有落实相关经费的主体责任，但我国并未从政策或法律上规定地方政府或部门对所属职业院校的投入比例，缺乏刚性约束，致使各级政府的教育投入责任模糊、无法可依。

因此，必须加强对各级政府间教育事权、财政关系的立法工作，确定不同级别间财政关系应具有的基本框架和应该遵循的一般原则，规范支出、税收和财政责任的划分，以法律形式界定各级政府对教育投入的职责，才能使职业教育投入有法可依。

(二)完善职业教育经费保障方面的法律法规

制定职业教育投资的相关法律法规，规定职业教育经费的来源、筹措、分配、使用、管理、监督等，保障职业教育的经费投入。制定职业教育经费保障相关的法律法规，将教育财政投入的分配比例、数额等内容上升到法律的层次，为各级政府职业教育投入提供法律依据和基础。不仅让各级政府拨款成为职业教育经费的主要来源，而且要保证职业教育在生均财政拨款方面至少与同一阶段普通教育水平相当。

三、加快教育体制改革，提高教育经费的使用效率

完善财政投入机制、加大教育经费投入的同时，必须加快教育体制的改革，进一步提高教育经费的使用效率。主要从以下几个方面入手：

(1)加快教育人事制度改革。教育部门现行人事管理制度落后，人员结构和布局不理想，教师编制脱离事业发展的实际需要。有必要改革教师管理体制，实行教师动态管理，合理调配教师；同时，引入竞争体制，让优秀人才从事教育事业。

(2)加快教育系统内部结构调整，统筹推进体制机制改革，增强改革的系统性协同性。一是加快高等教育分类管理体系建设，推进分类管理、分类评价，引导高校合理定位，克服同质化倾向，在不同层次、不

同领域办出特色争创一流。二是调整各地区的高职院校、学科、专业的整体布局，改变教育资源大量重复配置、结构性短缺等不合理的状况，提高教育经费的使用效率。三是根据社会发展的需要，对各地各校专业招生计划进行动态调整，大力支持社会效益好的学科和专业，大力支持社会经济发展急需的学科和专业的快速发展。

（3）加快教育部门财务管理制度改革，加强对财政教育资金使用的绩效考核，减少和杜绝教育经费使用过程中的漏洞和浪费，以提高教育资金使用效益。

四、改革教育投入机制促进高职教育公平

在进行政府间财政关系立法的基础上，从财政拨款制度、经费投入平衡机制、绩效考评与监督机制等方面着手进行财政投入机制的完善。

（一）改进财政拨款制度

伴随着我国职业教育从规模发展到内涵建设理念的转变，必须改革完善现有"综合定额+专项补助"和"基本支出预算+项目支出预算"的财政拨款制度，按照科学化、精细化管理要求构建内容更加齐全、导向更加明确、结构更加合理、核定更加科学的高职教育拨款机制。

（1）改变过去以在编教职工人数为依据的高职教育拨款方式，增加高职院校基本科研业务预算和绩效评价预算，建立"基本支出预算+项目支出预算+基本科研业务预算+改革和绩效支出预算"的拨款制度。其中，基本支出预算应以生均标准成本作为基本依据，项目支出预算应按照事业发展的实际需要，结合项目投资申报及评审情况核定，并根据教育改革成效、教育经费应用的绩效评价及结果，作为高职教育财政拨款分配的重要依据。

（2）建立财政拨款动态调整机制，根据当年经济增长情况、政府财力状况，以及学生人数、物价水平等因素引起的变化，进行财政拨款的

动态调整。中央和省级财政分配对下转移支付的职业教育质量提升计划专项资金时，应充分考虑各地职业教育基础因素、财政投入、教育改革成效、资金使用绩效等情况，并按各地人均财力、学生人数等作为调整因素，合理确定财政资金的分配方案。

(3)合理确定公用经费生均拨款标准，并按学科设置折算系数，以体现不同科类、不同专业办学成本的差异及国家宏观政策的导向。确定各专业系数时，应以专业培养成本为依据，减少个人专业感情等因素。

在以往的预算拨款制度设计中，一般仅仅考虑了分学科、分专业的办学成本。在分配财政资金时，所有学校的同一专业的调节系数相同，没有考虑到各个学校的办学水平和投入成本。因此，在财政资金分配时建议先按专业大类设置专业调节系数，在一般专业调节系数的基础上，再设置一个品牌、特色或重点专业的调整系数，通过建立机制来补偿这些品牌、特色或重点专业专业在办学成本上的投入，以鼓励和引导高职院校积极进行"一流学科、一流专业"的建设，引导高职院校品牌、特色或重点专业的建设。

(二)完善教育经费财政投入的平衡机制

近几年，国家大幅增加了对职业教育的投入总量，并通过财政转移支付等方式对教育经费的省区差异进行了宏观调控，但区域不平衡现象依然严重。因此，必须尽快完善我国高职财政性教育经费投入的平衡机制，促进教育公平。

1. 合理确定生均标准成本，科学制定生均拨款标准

制定职业教育生均拨款标准，是保证接受高职教育的学生获得公平教育资源的基本条件。不少学者提出职业教育生均经费应达到本科教育标准，不失为一种教育公平理念的回归。根据高职院校各专业的性质、特点，测算不同类型的专业生均培养成本之间的差异，以形成生均拨款基本标准及不同专业折算系统，确定全国统一的高职教育生均拨款最低标准。各省区政府根据相关法律规定，考虑区域经济发展情况、财政收

支的总量及增长情况等相关因素，综合确定本地区高职教育生均拨款标准。

2. 实行"均等化财政转移支付制度"，减小高职教育投入的地区差异

职业教育学生获得的教育投资主要来自家庭、政府两个方面。我国各省区经济发展水平明显不平衡，导致了地方政府和学生家庭在教育投资方面的区域不平衡。一方面，经济落后地区的学生从家庭获得的教育投资相对较少，这就要求对来自政府和社会的教育资源不能平均分配，而应向经济不发达省区倾斜，以减少省区间的教育投资差距，满足教育公平的基本要求。另一方面，落后地区政府的财政收入较少，无法为本地区学生提供全国平均水平的教育资源；而发达省区在更大程度上受益于职业教育带来的经济与社会效益，经济发展的非衡性及人力资源的流动性让发达地区实际分享了落后地区的教育成果。因此，无论是从"谁受益谁支付"的成本分担原则，还是从教育公平、支付能力的角度来看，发达省区均应当通过财政转移支付的形式对落后地区的职业教育进行补偿。但这种转移支付不是"友好城市"性质的省对省、市对市的援助，而是由国家政府进行统筹的制度化的"均等化财政转移支付制度"。这里所说的"均等化财政转移支付制度"主要包括以下三个层次：

(1)加强中央财政资金对各省区转移支付的力度，使转移支付的资金落实到教育财政中来，使经济发展相对滞后、财力较为薄弱的地区获得较为充足的教育经费，以保证"三个增长"的顺利实施；中央财政支出结构中，对各省区职业教育的投入应将教育经费均等化作为重要依据。

(2)省级政府采取适当措施，加强省级对下转移支付的力度，分配省级统筹的高职教育经费时，对所辖区域的教育财力、在校生人数等产生的地区差异进行必要调节，兼顾高职教育财政资金分配的公平与效率。

可行的办法是，比照中央对各省区的转移支付办法，在对下转移支

付财政资金分配时，以各地人均财力、在校学生数为调节因素，完善高职教育省对下转移支付制度，确保所辖区域的高职院校合理的、基本的需要。2017年初，湖北省分配中央提前下达的"现代职业教育质量提升计划专项资金"时，不仅引入了绩效拨款理念，还参考所属各地市州的人均可用财力、各地供养高职学生人数等因素，设置调节系数对各地高职教育综合奖补资金进行了调整。

（3）中央财政通过协调省际的财政转移支付，从发达地区调整一部分财政资源投入到落后地区，以缩小两者在教育资源分配上的差异，即为省区间的横向财政转移支付。

横向财政转移支付的实现，需要中央政府的统筹与协调作为保证，同时也需要转移支付的相关制度保障。例如，德国是横向转移支付较为成功的国家，它以各州人均税收额与全国人均税收额之间的差异作为基础，确定哪些州应向哪些州进行转移支付。通过纵向转移支付和州际横向转移支付制度，德国有效地实现了上下级政府之间、各个地区之间的均衡发展目标。我国地域辽阔，地区之间的发展极不平衡，贫富差距较大，可以借鉴德国的成功经验，进行高职教育横向转移支付的试点及推广，促进我国高职的均衡发展，实现教育公平。

规范各级政府间的高职教育财政转移支付，实行"均等化财政转移支付制度"，将高职教育财政投入的地区差异控制在可接受的范围之内，不仅可以促进职业教育公平，也是促进我国公共资源合理配置的必然选择。

3. 加强省级协调与管理促进省区内职业教育均衡发展

我国职业教育经费投入的地区不平衡现象，不仅存在于省区之间，也表现在省内不同地区之间。目前，设在地（市、州）的高职院校占相当大的比例，由于省区内不同地区的经济发展存在一定差距，加上各级地方政府对职业教育的重视程度不同，导致省区内职业教育投入也存在较大差距。为实行教育公平，建议省级政府及教育、财政等相关部门加大高职教育的统筹及管理力度，统一制定生均拨款标准制度、细化高职教育财政资金管理办法，明确高职教育财政资金的分配方案，并建立省级政府对下级政府的高职教育财政转移支付制度。

(三)引入高职教育财政投入考评与监督机制

我国职业教育经费投入不足，与各级政府的教育投入缺乏相应的监督和法律的硬性约束直接相关，因此在职业教育的投入制度中引入评价与监督机制显得尤为重要。

(1)建立各级党委和政府对高职教育经费财政投入的考核评价与奖惩机制，引入生均教育经费指数(生均公共财政教育经费与人均 GDP 之比)以考核地方政府对职业教育的投入情况。将教育经费投入纳入地方政府的政绩考核指标体系，使各级党政领导充分认识到职业教育的战略性地位，优先保证对教育经费投入；地方党政领导对地方教育经费投入不足、不到位、被挤占、被挪用等行为应承担相应责任，确保地方政府及时足额地进行职业教育财政投入。

(2)建立高职院校财政经费使用绩效的考评与监督检查机制，结合近几年人才和教学评估的指标评价结果，对高职院校办学质量和支出绩效进行评价，开展地区和职业院校财政投入整体绩效和项目支出绩效评价，并将绩效评价考核结果作为追加绩效拨款的重要依据。将教育经费支出绩效纳入职业院校的考核体系，提高经费使用绩效。

(3)发挥宪法赋予人民的重要职权，加强各级人民代表大会对同级政府各类教育经费投入的监督。同时，可借鉴发达国家经验建立公众参与的教育拨款委员会，监督教育拨款预算的制定与执行。

只有完善职业教育财政投入机制，才能确保我国职业教育财政投入稳步增加，并将教育经费投入用到刀刃上，促进我国职业教育稳定、健康、可持续的发展。

第二节　科学测算生均标准成本

一、完善基本办学条件指标体系

确定标准成本是制定适合我国国情的职业教育成本分担机制的基础，而生均标准成本的合理确定取决于办学条件指标体系的完善与科学。按照职业教育目标和质量要求，建立和完善职业教育的办学基本条件指标及教学水平评估体系显得尤为重要。我国现行的职业院校办学基本条件指标是 2004 年制定的，部分指标与现实情况不相适应，需要进行修订与完善，为生均标准成本的制定和应用奠定基础。

二、测定生均标准成本的步骤与方法

(一)生均标准成本的核定步骤

职业教育成本是指为了学生接受职业教育所耗费的各种经济资源的货币价值。从职业教育成本分担的角度来讨论，高职教育成本主要是指高职院校培养学生实际花费的费用，即高职院校向学生个人提供的高校教育服务成本。主要由以下几部分组成：人员经费、公用经费、科研经费、固定资产与无形资折耗费及其他与培养学生有关的耗费。职业教育生均教育成本，指职业院校教育成本的生均指标。核定生均标准教育成本是合理确定生均财政拨款及学费标准的基础，是保证教育公平的前提条件。

(1)财政及教育等相关部门要与各职业院校密切配合，采用权责发生制合理界定职业教育成本项目，剔除无关成本，科学测算生均标准成本。

(2)根据职业院校各专业的性质、特点，测算不同类型的专业生均培养成本之间的差异，以形成生均成本基本标准及不同类专业折算系数。

(3)各省区根据相关法律，结合经济发展状况、居民收入和消费水平，考虑财政收支的总量及增长情况等因素，确定本地区职业教育生均财政拨款标准及学费标准。

在实际操作中应注意区分教育成本与非教育成本、学费与杂费的范畴；学费与教育成本相关，杂费部分与非教育成本相关；不能将非教育成本如后勤支出、社会服务支出等作为生均教育成本，而应将其作为确定学生及家庭全额支付的杂费确定依据，避免重复收费。

(二)生均标准成本的测算方法

由于统计方法、口径不尽一致，生均教育成本的统计数据悬殊较大，加上普遍性的资源短缺，导致统计数据无法真实地反映高职教育的正常成本。职业教育生均培养成本的测算不应仅仅以统计数据为依据，而应以财务决算信息为基础，以现行职业院校教学水平评价指标为基本依据，测算在现有物价水平和既定教育政策、教学质量达到基本要求的条件下，培养学生的生均标准成本。生均标准成本测算包括人员经费、公用经费、科研经费、固定资产与无形资产折耗等成本的测算。此处以高职教育为例，按现行高职高专基本办学条件指标(具体见表4-4)为基础，对各专业生均教育成本进行测算。测算过程如下：

(1)人员经费的测算。人员经费可按高职高专院校基本办学条件标准生师比标准(具体见表5-1)、专任教师人均薪酬(人均按工资120 000元/年，养老、医疗成本各占工资的20%、10%，工伤、生育、失业保险各占工资的2.8%、公积金占工资的12%)、教辅人员薪酬(人数按专任教师的30%，平均工资按专任教师80%计算)、奖助学成本(学费以平均5 000元的标准计算，按学费20%)计算。按此模型测算，一般文科类专业如经管、政法等专业的生均人员经费的测算值为10 975元/年。

测算模型如下：

$$F=S\times(1+44.8\%)\div R\times(1+30\%\times80\%)+f\times20\%$$

式中，F 为生均人员经费；S 为专任教师年人均工资；R 为生师比；f 为年均学费。

（2）公用经费的测算。目前，尚无明确的高等教育公用经费标准。从历年统计数据来看，一般高等院校公用经费比人员经费高出 25% 左右，扣除资本性支出，公用经费中基本支出约为人员经费的 60%。若按 1∶0.6 的比例计算，一般文科类专业的生均公用经费测算值为 6 579 元/生。

（3）固定资产折旧成本的测算。按国家 2004 年高职教学评估办法的基本办学条件（见表 5-1）规定生均教学行政用房面积（9~22m²）、教学设备（3 000~4 000 元）、图书册数基本标准（50~80 册），室外运动场地按 3m²/生计算（体育类按 4.7m²/生）。固定资产折旧采用年限平均法，不考虑净残值。房屋建筑物的折旧年限按 50 年，仪器设备、图书、室外运动场地使用年限按 5~10 年，参考现行市价计算各专业生均折旧成本。

表 5-1　　　　　高职高专院校基本办学条件指标（合格）

类　　别	生师比	生均教学行政建筑面积/m²	生均教学仪器设备/元	生均图书/册
文学、经管、政法等	18∶1	9	3 000	80
工、农、林学	18∶1	16	4 000	60
医学	16∶1	16	4 000	60
体育	13∶1	22	3 000	50
艺术	13∶1	18	3 000	60

需要说明的是，以上标准为 2004 年我国高职教学评估办法的基本办学条件。十多年来，我国社会经济发生了巨大变化，在各方面取得了

长足进步。我国高职院校信息平台数据显示，2016 年高职院校生均教学行政面积的全国中位数为 18.19m²，高职院校生均教学仪器设备全国中位数为 8 808.42 元，生均图书全国中位数 80.15 元。若以全国平均水平计算，高职教育的固定资产折旧成本将远大于以基本办学条件标准所计算出来的标准成本。

(三)确定各类专业生均标准成本

不同类型的高职专业生均教育成本存在较大差异，一般来说文科类专业所占用的教学行政用房面积相对较少，实验经费较低，生均标准成本较低；而理、工、农、医、艺术、体育类专业则成本相对较高。根据 2004 年确定的我国高职高专基本办学条件合格指标，利用成本核算方法对各类不同专业的生均标准成本进行计算，一般文科类专业生均教育成本约为 20 000 元。

以上数据是根据 2004 年我国高职教学评估办法的基本办学条件标准的测算结果，若以高职院校各项基本办学指标的全国平均标准为基础进行测算则更科学、更符合实际。若以 2016 年各项指标的全国中位数为基础进行计算，一般文科类专业生均教育成本约为 22 000 元。

(四)确定各省区生均标准成本

以上计算以教育部出台的高职高专基本办学条件合格指标为基础，该成本标准反映的是高职高专教育达到基本质量要求所必需的平均成本水平，只是代表生均标准成本测算的一种思路。随着经济发展水平、收入与消费水平、办学基本条件指标等各方面的变化，生均标准成本也会发生相应的变化。例如，现行生均教学仪器设备的指标是 2004 年制定的 3 000~4 000 元的标准，这一标准是按照当时的物价水平制定，与目前的仪器设备的物价水平相差较大。因此，建议根据经济发展水平、消费与物价水平等相关因素建立生均标准成本的动态调整机制。各省区可根据本地区实际情况确定合适的折算系数，进一步确定本省区职业教育的生均标准成本。

第三节　建立适合我国国情的高职教育成本分担机制

一、政府是高职教育成本分担的最终主体

教育是国家发展的根本，教育投入是政府应履行的基本责任，国家理所当然成为教育投入的主体。虽然世界各国高职教育的投入呈现出明显的多元化趋势，但政府的经费筹措仍然承担着主导性作用，特别是在当前职业教育基础薄弱的环境下，财政投入显得尤为重要。政府应当加大对职业教育经费投入，促进教育公平，确保职业教育稳定、健康、可持续发展。加大各级政府对职业教育的财政投入力度，应从以下七个方面入手：

(一)逐步提高各省区财政教育经费在国内生产总值中的比例

国内生产总值(GDP)是一个国家(或地区)一年以内在境内生产出的全部最终产品和劳务的市场价值的总和，是衡量一个国家(或地区)综合实力的重要指标。当今世界，教育经费投入占 GDP 的比例已经成为国际权威机构衡量一个国家教育投入水平的重要指标之一。从全世界范围内来看，教育经费占 GDP 的比重，世界平均水平为 4.9%，发达国家为 5.1%，欠发达国家为 4.1%。

20 世纪 80 年代，当代著名经济学家厉以宁牵头立项研究政府支出的教育经费占国内生产总值比例的国际平均水平。研究认为，到 20 世纪末，与我国经济状况相适应的公共教育经费占国内生产总值比例应当是 3.7%~3.9%。这些研究成果在 1993 年《中国教育改革和发展纲要》予以吸收并作出相应规定，明确提出"逐步提高国家财政性教育经费支出占国内生产总值的比例，在 20 世纪末达到 4%"。但是由于我国 GDP

增长迅速、财政收入占 GDP 比重较低等多种因素，这一目标迟迟未能实现。为此，2010 年公布的《国家中长期教育改革和发展规划纲要(2010—2020 年)》再次明确提出，提高国家财政性教育经费支出占国内生产总值的比例，2012 年达到 4%。近几年，国家加大了对教育的经费投入，2012 年终于实现了教育经费占 GDP 4% 的基本目标，但这一过程花了近 20 年的时间。

尽管 2012 年我国经济增幅出现了明显回落，财政性教育经费依然增长了 16%，占国内生产总值的比重首次达到 4%，还清了教育欠债。根据 2016 年 11 月教育部、国家统计局、财政部公布的 2015 年全国教育经费执行情况统计公告的数据，2015 年全国财政性教育经费占 GDP 的比例已达 4.26%，已连续 4 年超过 4% 的投入指标。但 4% 的投入指标只是世界衡量教育水平的基础线，教育经费投入达到 GDP 的 4% 不是目标，而是教育投入的新起点，政府在教育投入方面任重而道远。因此，各省区应进一步加大对教育的投入，逐步提高这一比例。

(二)提高财政教育支出占公共财政支出比重

教育投入是支撑国家长远发展的基础性、战略性投资，是发展教育事业的重要物质基础，是公共财政保障的重点。党中央、国务院始终坚持优先发展教育，高度重视增加财政教育投入，先后出台了一系列加大财政教育投入的政策措施。在各地区、各有关部门的共同努力下，我国财政教育投入持续大幅增长。2001—2010 年，公共财政教育投入从约 2700 亿元增加到约 14 200 亿元，年均增长 20.2%，高于同期财政收入年均增长幅度；公共财政教育支出占公共财政支出的比重从 14.3% 提高到 15.8%，已成为公共财政的第一大支出。财政教育投入的大幅增加，为我国各级教育的长足发展提供了强有力的支持。当前，我国城乡免费义务教育全面实现，职业教育快速发展，高等教育进入大众化阶段，办学条件显著改善，教育公平迈出重大步伐。

提高财政教育支出占公共财政支出的比重，主要措施包括：

（1）落实法定增长要求。各级政府应严格按照《中华人民共和国教育法》等法律法规的有关规定，在年初安排公共财政支出预算时，积极采取措施，盘活存量资金，调整支出结构，努力增加教育经费预算，保证财政教育支出的增长幅度明显高于财政经常性收入的增长幅度。对预算执行中超收部分，也应该按照上述原则优先安排教育拨款，确保全年预算执行结果达到法定增长的要求。

（2）加大一般预算投入。在确保实现法定增长的基础上，进一步优化财政支出结构，新增财力向教育领域倾斜，明显提高财政教育支出占公共财政支出的比例。

（3）拓宽财政性教育经费的来源渠道。进一步落实统一内外资企业教育费附加制度、全面开征地方教育费附加等相关政策，多渠道筹集教育经费。

（4）合理安排使用财政性教育经费。重点向农村地区、边远地区、贫困地区和民族地区倾斜，向教育改革发展的关键领域和薄弱环节倾斜，着力支持解决人民群众关切的教育问题。同时，各级政府应当全面推进财政教育经费的科学化、精细化、阳光化管理，切实提高财政资金的使用绩效，让每一分钱花出最大效益。

（三）提高职业教育财政性经费在国家财政教育经费中的份额

目前，我国职业教育已占高中阶段教育与高等教育半壁江山，但高等教育财政经费中，投向高职教育的份额却相对较低。2005—2010 年，我国职业教育财政性经费占全国财政性教育经费的比例分别为 8.25%、8.27%、8.99%、9.73%、9.9%、9.95%，2011 年、2013 年这一比例均为 10.4%①。近年来，各级政府对中等职业教育财政投入的不断增加，全国普通中等职业教育财政性教育经费占全国财政性经费的比例达

① 数据根据 2006—2014 年《中国教育经费统计年鉴》全国教育经费收入的中等职业教育和高等职业教育经费相关数据计算而来。

到 6.7%，中职教育生均财政预算教育经费支出指标略高于普通高中生均，中职办学条件有了较大幅度提高，但高职教育财政性经费投入及所占比例相对较低。2013 年，普通高等教育财政性教育经费占全国财政教育经费的 17.2%，而普通高职教育财政经费仅占全国财政性教育经费的 3.36%，仅为普通高等本科教育的 20.7%。可见，各省区应加大高职教育财政投入，至少提供与同阶段普通教育相当的教育经费。

（四）提高财政拨款在职业教育经费中所占份额

2005—2013 年，我国职业教育经费中财政性经费所占比例逐年提高，从 2005 年的 45.3% 提高到 2011 年的 66.9%，2013 年这一比例提高到 73.6%①。随着各级政府对中等职业教育投入的不断加大，中等职业教育经费中财政性经费所占比例逐年提高，2013 年这一比例为 86%（具体见表 2-12），但高职教育财政性经费所占比例仍然较低。2010 年，高职教育财政性经费占其总收入的比例为 46.8%，其中预算拨款仅占 42%，全国近 50% 的省区不足 40%。例如，2010 年湖北省这一比例仅为 37%，预算内拨款为 32%；重庆市这一比例仅为 25%。2013 年，高职教育财政性经费占其总收入的比例为 57%，其中公共财政预算拨款占其总收入的 52%，全国有河北、上海、安徽、福建、浙江、广东、云南、广西等 13 个省区财政投入比例低于全国平均水平，其中福建、广东、广西、云南、广西 5 个省份的政性教育经费低于 50%。例如，2010 年福建省这一比例仅为 38.5%，预算内拨款为 33.7%，具体见表 3-15、表 3-16。因此，各级政府应增加高职教育财政投入，提高财政性教育经费所占份额。

（五）建立以改革和绩效为导向的生均拨款制度

1. 确定高职院校生均拨款标准，建立经费稳定增长机制

---

① 数据根据 2006—2014 年《中国教育经费统计年鉴》全国教育经费收入的中等职业教育和高等职业教育经费相关数据计算而来。

生均财政拨款标准是公共财政向职业教育投入的基本依据，也是建立职业教育成本分担机制和经费稳定增长机制的制度基础。1996 年《职业教育法》规定，各省、自治区、直辖市人民政府应当制定本地区职业学校学生人数平均经费标准；国务院应当会同国务院财政部门制度本部门职业学校学生人数平均经费标准。2005 年《国务院关于大力发展职业教育的决定》强调，省级政府应当制订本地区职业院校学生人数平均经费标准。《国家中长期教育改革和发展规划纲要（2010—2020 年）》再次强调，各地根据国家办学条件基本标准和教育教学基本要求，制定并逐步提高区域内各级学校学生人均经费基本标准和学生人均财政拨款基本标准。

2014 年，财政部、教育部印发《关于建立完善以改革和绩效为导向的生均拨款制度加快发展现代高职教育的意见》（财教〔2014〕352 号），明确规定 2017 年各地高职生均拨款不低于 12 000 元，并要求各地财政、教育部门落实工作职责，建立工作机制，共同推进建立完善高职院校生均拨款制度，并进一步完善相关政策措施，逐步提高投入水平。2015 年，财政部、教育部、人力资源和社会保障部印发了《关于建立完善中等职业学校生均拨款制度的指导意见》，要求尚未建立完善中职学校生均拨款制度的省份应当于 2016 年年底前出台相关制度，以后年度要结合财力积极采取有效措施，不断提高生均拨款水平，逐步建立生均拨款标准动态调整机制。各地要因地制宜，科学合理确定中职学校生均拨款标准（综合定额标准或公用经费标准），同时统筹协调公办中职学校与本地区民办中职学校举办者投入水平以及公办高职院校生均拨款水平。

近几年，各级财政加大了对职业教育的投入。2012 年，辽宁、上海、江苏、浙江、福建、河南、湖南、重庆、新疆等省（区、市）出台相关文件，制定了职业教育生均拨款标准，为职业教育发展提供了有力保障。教育部职业教育与成人教育司司长葛道凯指出：高职院校生均拨款全面实施将是大势所趋。按照国家大力发展职业教育的要求，今后一段时间教育经费的投入重点是职业教育，各省财政新增财力主要用于职业教育。以湖北省为例，2014 年以来仅省级财政就筹措公办高职院校生均财政拨款经费超过 60 亿元，用于推动各地(市、州)建立以改革和绩效为导向的生均拨款制度和提高省属公办高职院校生均拨款水平，2016 年湖北省省属公办高职院校提前完成了中央规定的生均拨款水平不低于12 000元的目标任务。同时，通过督促各市州加大对所属高职院校的投入力度，确保 2017 年全省高职生均拨款水平能达到12 000元。可见，尽快建立生均拨款机制，对职业教育的发展具有十分重要的意义。

2. 引导地方建立以改革和绩效为导向的高职教育拨款机制

2014 年财政部、教育部印发《关于建立完善以改革和绩效为导向的生均拨款制度加快发展现代高职教育的意见》以来，各地政府和财政、教育部门在推进建立完善高职院校生均拨款制度、进一步完善相关政策措施等方面有了较大进展，各省区职业教育投入水平有了较大幅度的提高。2016 年 12 月 23 日，财政部、教育部印发了《现代职业教育质量提升计划专项资金管理办法》，这一办法在职业教育质量提升计划中央专项资金的分配方面有了较大突破，对职业教育质量提升计划中央专项资金按因素法进行分配，包括高职院校生均拨款奖补、中职学校改善办学条件奖补和职业院校教师素质提高计划奖补三部分，明确了高职院校生均拨款奖补由拨款标准奖补和改革绩效奖补组成，并细化了各分配因素及其权重、计算公式等问题。

2016 年新出台的《现代职业教育质量提升计划专项资金管理办法》，更加强调了财政资金分配的改革和绩效导向。一方面引导地方政府积极加大职业教育投入，对于高职教育年生均财政拨款水平已达到12 000且以后年度不低于12 000元的省份，给予拨款标准奖补并稳定支持，对于年生均财政拨款水平下降的省份，暂停当年拨款标准奖补；另一方面，突出了财政资金分配的改革和绩效导向，2018 年起中央将加大改革绩效奖补力度，明确规定了改革绩效奖补的分配因素、权重、计算方法等，将订单班毕业生比重、双师型教师比重、生师比、专业设置与产业结合契合度等体现职业教育质量的指标作为高职教育改革绩效奖补资金分配的重要因素。同时，对于中职学校改善办学条件奖补资金、职业院校教师素质提高计划奖补资金的分配均采用了因素分配法，将基础因素、投入因素、管理创新因素等作为财政资金分配的因子，在兼顾公平的原则下充分体现了改革与绩效导向。

从中央层面来说，国家已经通过生均拨款制度、职业教育质量提升中央资金管理办法等相关制度的建设，逐步建立了职业教育以改革和绩效为导向的拨款制度框架体系，且初见成效。虽然截至 2015 年，全国31 个省区已全部建立了高职教育生均拨款制度，但各地执行力度有待加强，需要各地财政和教育部门加快进度，出台更加细化的职业教育财政资金管理办法和实施方案，突出改革与绩效导向，引导省区内各地(市、州)调整支出结构，加大财政投入力度，切实提高职业教育质量。

(六)改革教育税费制度，增加用于职业教育的财政经费

企业作为职业教育的直接受益者理应分担教育成本。目前，我国企业主要通过教育费附加等形式参与职业教育成本分担，发达国家除税费外还有其他多种形式，如美国企业的职业教育"购买费"每年高达 440亿美元，德国企业通过"双元制"的模式大量分担职业教育成本。我国可考虑以正税形式对教育附加费及企业提取的教育经费进行规范，适当增加教育税费中用于职业教育的比例。

(七)提高财政性教育经费的增长速度，以满足职业教育发展的需要

2005—2011 年，预算内教育经费拨款增长率低于财政收入增长率的年份有四年，不符合教育经费"三个增长"及科教兴国战略。虽然职业教育财政投入增长速度较快，但由于我国高职教育基础差、底子薄，在校生规模的快速增长，导致财政投入的增长速度无法满足高职教育规模发展对教育经费的大量需求。政府应提高职业教育财政性教育经费的

增长速度，适应职业教育的发展需要。

在加大我国职业教育财政投入时，要注意避免教育投入存在的"锦上添花"和"形象工程"的问题。笔者认为，对职业教育的财政投入首先应满足职业院校的基本支出，以维持其日常教学运转。同时，把教育经费的投入重点放在对教学仪器设备的购置和更新、实习实训基地建设、骨干师资的培养培训等事关职业教育基础能力建设的关键和薄弱环节上，以提高教育质量，强化内涵建设。

二、强化企业等社会力量对教育成本的分担

我国职业教育经费投入的多元化格局正在逐步形成，但企业对职业院校投入的资金、民办学院举办者投入的资金、社会捐赠资金、校办产业及社会服务收入用于职业教育的资金比例很低，2010 年各自所占比例分别为高职教育经费的 1.26%、1.4%、0.28% 和 0.11%；中等职业教育经费中，企业、民办资金、社会捐赠、校办产业及社会服务收入用于职业教育的资金比例仅为 1.74%，对教育成本的分担极其有限。

强化企业等社会力量对教育成本的分担，促进我国职业教育经费的多元投入，对我国职业教育的发展有着重要意义。职业教育投入，要坚持财政投入主渠道作用，优化财政支出结构，不断加大财政投入力度，新增财政教育投入向职业教育领域倾斜。同时，要防止财政"大包大揽"，充分发挥市场机制作用，积极引导社会资本投入，进一步完善多渠道筹措职业教育经费的机制，鼓励企业或社会力量采取直接投资或捐赠等形式参与举办职业教育，促进职业教育经费投入的多元化。

（一）将企业作为高职教育成本的重要分担主体

我国高职教育每年培养一千多万高技能的实用型人才，主要就业于各类企业，为企业带来了巨大经济利益。按照谁受益谁支付的成本分担原则，企业理应对职业教育成本进行补偿。要促进企业对高职教育投

资，须从以下五个方面入手：

(1)政府要充分发挥引导职能，制定法律法规及相关政策，规范企业对职业教育的投资，强化企业在职业教育发展中的地位与职责。

(2)按照企业收入或员工薪酬的一定比例提取职工教育经费，由政府统筹使用，主要用于职业教育成本的补偿及职工继续教育。

(3)职业院校要实行开放式办学，主动加深学校与企业间的紧密联系，促进资源共享，真正推行工学结合、校企合作，拓宽职业院校经费来源渠道。

(4)政府应加强对企业办职业院校的管理，督促举办企业足额投入教育经费，对企业举办的职业院校在收费等方面给予一定的自主权。

(5)加大政府对企业办学的投入力度，完善并落实对企业办学在土地、税收等方面的优惠政策，积极引导企业参与举办职业教育。

(二)大力发展民办职业教育

民办教育可以汇聚资金，改善公共财政严重不足的状况，国家应积极鼓励民间资金参与高职教育。一是给予民办院校与公办学校同等地位；二是对于投资职业教育的个人或社会力量，应按照有关规定给予政策支持和法律保障；三是对举办者给予办学土地无偿或低价征用的优惠、各种基建配套费用的减免、职业教育投资在税收上的优惠和减免；四是增加对民办职业教育的财政投入。

(三)鼓励社会捐资办学，分担职业教育成本

西方国家的社会捐赠资金是教育经费的重要来源之一，各类教育都享有社会各界大量捐赠资金。企业对职业院校的捐赠属于公益性捐赠，我国职业教育的社会捐赠所占比例极小，且有下降趋势，但社会捐赠被众多学者认为是职业教育经费来源中的"潜力股"。如何借鉴国际的捐赠经验，发展我国职业教育捐赠事业已成为拓展多元化筹资渠道的重点之一。

我国职业教育经费中捐赠收入所占比例较低，国家教育经费统计年鉴数据表明，2013 年我国职业教育经费中捐赠收入所占比例仅为0.2%。造成这一现象的原因包括缺乏完善的法律法规、捐赠文化的缺失，捐赠组织公信力不高、政府对教育捐赠的引导不足等原因也在一定程度上影响了我国教育捐赠事业的发展。因此，政府应该进一步完善社会捐赠、税收等相关法律和法规，加强教育捐赠事业的管理，出台捐赠收入财政配比等办法和措施，以规范和鼓励社会教育捐赠行为。

首先，应完善捐赠事业的法制建设，加强捐赠组织的自身建设。通过完善的法律制度，确定捐赠事业中各方的权利与义务，对各方行为进行有效的约束，从而在这一行业中建立起秩序，保障各方的利益。各类捐赠组织应该严格遵守国家的有关规定，将受赠的财产用于资助符合其宗旨的活动和相关事业，提高捐赠款项使用的透明度，专款专用，使捐赠者的善款发挥其应有的作用，提高捐赠组织公信力。

其次，改进相关税收政策，完善捐赠事业的激励机制，引导企业和个人更多地参与到公益性捐赠。目前，世界上绝大多数国家对遗产及财产赠与进行征税。开征遗产税、赠与税可以在一定程度上引导富人阶层承担更多的社会责任，实现社会资源的重新配置，从而成为社会捐赠事业的重要资金来源。在国外，如英国，法律规定财团对教育的捐赠不仅不需纳税，而且对其资本免去增值税，政府对于设立教育基金的企业实行优惠的税收政策，仅征收 15% 的投资收入附加税，远低于其一般企业 40% 的所得税。2008 年施行《中华人民共和国企业所得税法》，我国对公益性捐赠的税收优惠政策做了进一步调整，对企业和个人的公益性捐赠起到了较好的规范与鼓励作用。2008 年 1 月 1 日起，将我国企业公益性捐赠的税前扣除由年应纳税所得额的 3% 调整为年利润总额 12%以内，超过应税所得 12% 的部分则不得扣除。显然，这一调整对社会捐赠起到了很好的规范和激励作用，却将大额捐赠拒之门外了。随着经济与社会发展，我国贫富差距加大，大量的社会财富集中于富人阶层，而目前的税收设计中暂无遗产税、赠与税等相关税种，不利于引导富人阶层的公益性捐赠行为。

　　国家应该充分利用税收的杠杆作用，一方面制定向捐赠事业倾斜的税收政策，鼓励企业及个人向捐赠事业捐赠，落实个人教育公益性捐赠支出在所得税税前扣除等规定，另一方面设置遗产税或财产赠与税等相关税种以引导富人阶层承担社会责任，从而促进捐赠事业的发展，这是国际社会发展捐赠事业的成功经验。因此，借鉴国外经验，设计适合我国的税种体系及捐赠事业税收优惠政策，并针对职业教育捐赠制定相应的优惠政策，可以为我国职业教育找到一条可持续的资金来源渠道。

　　2009 年，财政部、教育部联合出台了《中央级普通高校捐赠收入财政配比资金管理暂行办法》，对高校捐赠财政配比资金的申报、评审、使用和管理进行了规范，对符合条件的高校捐赠收入按 1∶1 的比例进行配比，但此办法仅针对中央属高等院校。管理办法实施 7 年以来取得了很好的示范效应，中央属本科高校的社会捐赠收入从133 995 万元上升到236 913 万元，中央普通高校捐赠收入的增长率是同期地方普通高校捐赠收入增长率的 3. 14 倍。据调查，浙江、深圳等省区也相继出台了高校捐赠收入财政配比资金管理办法，取得了较好的激励效果。为鼓励社会力量对高等院校进行捐赠，提高高校募集捐赠资金的积极性，湖北省于 2017 年制定出台了《省属本科高校捐赠收入财政配比资金管理暂行办法》，提出按 1. 5 倍的比例对符合条件的高校捐赠收入进行财政配比。

　　各地应通过相关法律法规的完善、捐赠收入财政配比政策的制定和实施，将公办职业院校纳入捐赠收入财政配比范围，为职业院校募集社会捐赠资金创造更好的制度和政策环境，同时政府和职业院校也应加大对职业教育的宣传，提高社会认同度，吸引企业及个人捐赠资金，使其真正成为职业教育的重要经费来源。

　　(四)发展校办产业和社会服务，提升职业院校自身的分担能力

　　职业院校要充分挖掘自身潜力，发挥自身人才与技术优势，提升社会服务能力，努力创收。通过兴办特色产业、开展应用技术研究与服务、举办各种社会培训等方式，筹措更多的教育经费。通过制定相关政策，鼓励我国职业院校积极创收，以弥补其经费的不足，扩宽筹措资金的渠道。

三、确定学费标准及资助体系，促进教育公平

(一)合理确定高职教育学费标准

一般来说，学费标准应以生均标准培养成本为基础，综合考虑地区经济发展水平、家庭支付能力等多种因素的综合影响，按一定比例制定学费标准。按国际惯例，公办学校以年生均教育成本的20%~35%作为年均学费的基本依据。我国规定高职教育的年生均学费水平最高不得超过年生均教育成本的25%。目前，我国职业教育的平均学费标准，基本符合这一要求。

由于我国经济发展及教育资源的非衡性等原因，加上高职在校生家庭来源的结构不平衡，导致我国高职学生个人及家庭支付能力普遍不足，这就要求政府制定学费标准时充分考虑地区经济发展、物价水平、消费水平、家庭支付能力、个人的教育收益率、高职教育需求状况等多种因素，以教育成本为基础，合理制定学费标准，并允许各校根据学校实际办学水平、学科发展等情况，进行一定范围内的系数调整。

(二)完善资助体系

近年来，我国对职业教育的助学政策逐步完善。2012年，财政部等四部委联合出台《关于扩大中等职业教育免学费政策范围进一步完善国家助学金制度的意见》，将中等职业教育免学费政策范围扩大到所有农村(含县镇)学生，同时进一步完善中等职业教育国家助学金制度。将中等职业教育免学费政策范围扩大到所有农村(含县镇)学生、城市

涉农专业学生和家庭经济困难学生。这是我国政府继免费九年义务教育全面实现之后的又一重大举措，是我国职业教育发展史上的一个里程碑。这项政策，不仅减轻了农村学生、城市涉农专业学生和家庭经济困难学生的经济负担，促进了教育公平，支持了农村发展，提高农村劳动者素质，进一步加快普及我国高中阶段教育，同时也体现了国家对职业教育的重视，进一步增强职业教育吸引力。

从生源结构来看，我国大多数高职院校学生同样来自于农村地区及城市低收入家庭，学生个人及家庭支付能力普遍不足，因此需要加大资助力度。

1. 在高职教育阶段推行学费减(免)政策

目前，各高职院校设立奖学金、助学金等资助形式，但毕竟只有少数学生有机会获得资助，不具有普遍性。据上海市教育科学研究院和麦可斯研究院共同编制并发布的《2016 年中国高职教育质量年度报告》调查数据，2011—2015 届高职毕业生中背景为农民或农民工的比例为53%。针对我国高职学生及家庭支付能力普遍不足这一现状，建议对来自农村及城镇低收入家庭的高职学生进行部分或全部学费减免，同时实行奖学金、助学金、贷学金等制度，提高高职教育学生入学率，确保职业教育学生不因贫困失学。

以湖北省为例，按2015 年高职学生平均数 36.9 万、平均学费标准以5 000 元/年计算，假设对来自农村及城镇低收入家庭或涉农专业的普通高职学生(以 60%计算)实行全部学费减免，则每年需增加财政教育投入为 11 亿元，约占 2015 年全省公共预算财政支出的 0.22%。以2015 年全国高职教育学生平均数1 049 万人、平均学费标准以5 000 元/年计算，若对来自农村及城镇低收入家庭或涉农专业的高职学生(以60%计算)实行全部学费减免政策，则政府每年需增加财政投入 314.7 亿元，用于高职教育学费减(免)，这一新增支出占 2015 年全国公共财政支出175 878亿元的比例约为 0.18%。从公共财政支出的结构来看，政府有能力对来自农村、城市低收入家庭或涉农专业的高职学生实行全部或部分学费减(免)政策。

2. 对家庭实行税费减免或消费补贴制度

职业教育在校生所在家庭可享受个人所得税减免或者消费补贴，符合条件的贫困生可另外享受在校生活补助，鼓励学生个人及家庭对职业教育的消费。让每一个家庭有能力接受职业教育，愿意接受高职教育。

(三)推行学分制收费制度，缓解学费压力

学分制收费是指将学年学费制改按专业注册学费和学分学费两部分计收的教育收费制度，是一种"点菜式"的教育消费方式。学生像在市场购物一样，根据自身的承受能力和学习潜质自主安排学习内容与进度，有利于缓解贫困生的学费难题。学生可选择缩短期限修完学分以节省生活、住宿等支出；也可通过延长毕业期限或半工半读形式以分解学费负担。

综上所述，我国职业教育成本分担比例不尽合理，主要表现为学生和家庭分担比例过高，企业等其他社会力量分担比例较少，同时高职教育经费投入严重不足。必须加大财政投入，强化企业对教育成本的分担责任，合理确定学费及学费资助政策，建立以政府为主导的学生个人及家庭、企业作为重要主体的成本分担机制，以实现公平的职业教育。

第六章 改革完善高职教育预算拨款制度

随着社会经济的发展，人们对高等教育的要求从"有学上"转变为"上好学"，但现阶段我国高职教育"大而不强"，高职教育办学质量引起社会各界的高度关注。近几年，政府对高职教育投入不断增加，但与现行高职教育规模对资金的巨大需求存在较大差距。虽然各地陆续建立了高职院校生均拨款制度，但职业教育经费不足、资源短缺的问题依然突出。随着社会和经济的发展，我国经济发展进入新常态，新一轮财税体制改革不断推进，现行高职教育拨款制度的公平与效率问题凸显。

2017 年将是高职教育生均拨款制度全面实施的一年，面对突如其来的"暴富"，很多学校还没有找到发展方向和用钱的路子，资源配置的公平与绩效受到广泛关注。在当前国家经济新常态和财税体制改革的大背景下，面临高职教育综合改革，迫切需要对高职教育预算拨款制度进行深入研究，改革和完善现行高职教育预算拨款制度，建立适合我国国情的高职教育预算拨款制度。

第一节 我国高等教育预算拨款制度的演变及改革

一、我国高等教育预算拨款制度演变

新中国成立以来，随着国家财政管理和税务体制的改革与发展，我

国高等教育预算拨款模式主要经历了三个阶段：一是 1949—1984 年的
"基数+增长"模式，二是 1985 年提出的"综合定额+专项补助"模式；三
是 2002 年至今的"基本支出预算+项目支出预算"模式。

各种预算拨款制度在其特定的历史条件下，对我国高等教育的发展
发挥了巨大作用，促进了我国高等教育事业的发展。目前，世界发达国
家建立了较为完善的政府高职财政预算拨款制度，而我国由于财政预算
体系、高等教育管理体制等多种原因，导致我国高职教育预算拨款模式
较为复杂，各种模式均有应用，高等教育预算拨款模式在不同属性、不
同层次、不同地区的院校间均存在较大差异。

二、高校预算拨款制度的改革

(一)中央层面的改革情况

2008 年以来，按照党中央、国务院的决策部署，财政部、教育部
等部门先后实施了中央高校预算拨款制度改革以及研究生教育投入机制
改革，各地建立了以改革和绩效为导向的生均拨款制度。

2008 年，财政部、教育部完善了中央高校预算拨款模式，建立了
以"基本支出加项目支出预算"为主体的中央高等教育预算拨款制度。
现行中央高校预算拨款体系包括基本支出和项目支出两部分，占比约为
6∶4。基本支出主要用于高校的正常运转和完成日常工作任务，以生均
定额拨款为主，还包括离退休补助经费等政策性经费。项目支出主要用
于高校完成特定的工作任务或事业发展目标，主要包括用于改善办学条
件、教学科研、重点建设等方面的 13 个项目。改革后的基本制度框架
包括两部分：一是促进事业发展拨款，包括教学经费、科研经费、社会
服务补偿经费，并将教学经费、科研经费细分为基本运行经费、专项经
费和绩效拨款；二是体现社会公平的拨款，主要以家庭经济困难学生资
助为目标的助学拨款。

2014 年，财政部、教育部印发了《关于建立完善以改革和绩效为导向的生均拨款制度加快发展现代高职教育的意见》(财教〔2014〕352号)，要求各地根据文件精神建立以改革和绩效为导向的高职生均拨款制度，要求 2017 年各地高职教育生均财政拨款不得低于12 000 元。2015 年 12 月前，全国 31 个省区全部建立了高职拨款制度。2016 年财政部、教育部关于印发了《现代职业教育质量提升计划专项资金管理办法》的通知(财科教〔2016〕31 号)，明确了专项资金的支持范围和资金的具体分配和管理办法，更加突出了绩效导向。

2015 年，财政部、教育部印发《关于改革完善中央高等教育预算拨款制度的通知》(财教〔2015〕467 号)，推进对中央高等教育预算拨款制度进行改革和完善，吹响了我国新一轮高等教育预算拨款制度改革的冲锋号角。此次中央高校预算拨款制度改革，主要包括两个方面的内容：一是完善基本支出体系，逐步建立中央高校本科生生均定额拨款总额相对稳定机制，完善研究生生均定额拨款制度，并将奖助经费改列基本支出。二是重构项目支出体系，包括改善基本办学条件专项、教育教学改革专项、基本科研业务费、"双一流"和特色引导专项、捐赠配比专项、管理改革等绩效拨款六个方面。

新一轮预算拨款制度的改革，调整了管理不够科学合理的项目，归并功能相似的项目，保留了运行良好的项目，将原有的 13 个项目进行优化整合，形成中央高校"1+6"预算拨款制度框架，中央相关部委正在制定各项配套政策与制度。

(二)各省区预算拨款制度改革情况

根据中央要求，各省区也在加紧研究和制定地方高等教育预算拨款制度。目前，甘肃、安徽已经印发了省属高校预算拨款制度改革的通知，其他各省也在抓紧研究和制定新的高校预算拨款制度。

1. 甘肃省属高校预算拨款制度

甘肃省属高校预算拨款制度面向 14 所省属本科高校，根据省属高校发展定位和特色办学重新设立了项目支出体系，包括办学能力提升拨款(占比65%)、转型发展拨款(占比15%)、绩效考核拨款(占比20%)三个部分。优先支持省属高校分类发展、办出特色，引入财政投入与绩效挂钩动态调整机制是这次改革的亮点。重点支持、动态实施一流学科建设，每年对每个自然科学类的一流学科投入1 000万元、优势学科投入800万元、特色学科投入600万元；人文社科类的一流学科投入800万元、优势学科投入600万元、特色学科投入400万元。在改革完善省属高校预算拨款制度的基础上，财政绩效评价工作在教育领域又迈出重要一步，形成财政投入和绩效挂钩动态调整机制，并制定出台《甘肃省属高校绩效拨款考核办法》，以教育部本科教学工作水平评估指标体系为主要依据，涵盖人才培养、师资队伍、科学研究、社会服务和财务管理5个方面的考核指标体系，其中，一级指标5项，二级指标18项，绩效考评实行定量与定性相结合的原则，兼顾省属高校类型的多样化和差异性，突出内涵建设和质量效益导向。

2. 安徽省省属本科高校预算拨款制度

安徽省制定出台的高校预算拨款制度，主要针对省属本科高校，其重点内容是对项目支出体系实行分层设计、分类管理，构建了新的项目支出体系，主要分为基础保障性、竞争性重点支持项目和绩效奖补资金项目。具体内容如下：

(1)基础保障性项目。此类项目立足保基本，具有基础性、全面性、自主性、统筹性作用，体现公平、打基础，保障教学科研基本需要。主要根据学生人数、办学条件、办学成本差异和承担全省共享平台公共服务任务等因素分配，具体项目按照落实高校办学自主权要求，由高校结合办学实际统筹安排使用，实行项目管理方式，包括基本办学条件保障能力提升专项资金、教育教学改革提升专项资金、基本科研能力提升专项资金、教师综合能力提升专项资金、交流合作和服务经济发展能力专项资金。

(2)竞争性重点支持项目。该类项目突出扶优扶强，具有重大全局性、牵引性、导向性作用，体现竞争性、高水平和显示度，总体资金额度由省财政厅、省教育厅依据高校发展总体水平，按省属普通本科高校财政拨款总量的一定比例适度安排，采取后补助的方式给予奖补，主要包括高水平大学奖补资金、一流学科专业奖补资金、领军骨干人才奖补资金。

（3）绩效奖补资金项目。重点支持高校项目实施周期目标完成、提高预算管理等绩效。资金主要根据项目完成、绩效和预算执行、财务管理、接受捐赠等相关因素的考核评估结果进行奖补，由高校按照规定统筹使用。

安徽、甘肃两省的高校预算拨款制度各具特色，但均在项目支出体系方面有了较大突破，其共同特征是强化了政策和绩效的导向作用，整合重构了新的项目支出体系，将高校"双一流"建设融入到预算拨款制度中，改进资金分配和管理方式，引入了绩效拨款调整机制和竞争机制，统筹资金，突出重点，扶优扶强，促进一流大学、一流学科建设取得重大进展。

第二节　湖北省对高职教育预算拨款制度改革的尝试

湖北省现有37所公办高职院校，其中9所为省教育厅主管二级预算单位，12所为省直其他部门办高职院校，16所为各地(市、州)所属高职院校，各地(市、州)院校中既有一级预算单位，又有教育部门主管的二级预算单位。这种现状造成了全省高职院校预算拨款方式的复杂性，也导致了高职院校拨款在一定程度上受地域、行业、人为因素等多方面的影响。

随着高职教育的发展，湖北省对高职教育的投入逐年增加，2016年湖北省省属高职院校提前一年达到中央制定的生均拨款标准，各地(市、州)的高职教育投入也呈大幅增加的趋势，但也存在省区内发展不平衡、资金使用绩效不高等问题。

面临新的环境，有必要对高职教育财政拨款制度进行改革和完善，从制度上保障高职教育的财政投入，提高高职教育财政支出的绩效，促进高职教育又快又好的发展，办人民满意的高职教育，促进湖北地方经济社会发展。

从各国高等教育财政拨款制度的改革和发展来看，绩效化拨款的引入和应用已成为一种趋势。近年来，我国各省区越来越重视财政支出绩效评价，要求在编制部门预算时同时编制项目绩效目标，并于近两年开始进行部门整体绩效目标的编制及绩效评价，进行重点财政项目的绩效评价，财政拨款时适当应用绩效评价结果。为推进高职教育发展，湖北省在高职教育的财政拨款制度改革，特别是引入绩效拨款方面进行了一些尝试。

一、多管齐下加强高职教育财政支出绩效管理

高职教育财政支出绩效管理，是以高职教育或高职院校财政收支为对象，以一定时期内所达到的总体或项目的产出或效果为内容，以促进高职教育或高职院校透明、责任、高效履职为目的而开展的绩效管理活动。

(一)将事前绩效管理融入部门预算编制环节

各部门或单位在年初编制预算或项目申报时，必须在项目申报文本中编制项目支出的长期目标和年度目标，并将长期目标和年度目标细化为二级绩效指标。同时，要求各部门或单位根据发展实际，提前做好项目的可行性研究、评审等前期准备工作，加快做实二级项目的部门项目库，确保纳入预算的二级项目全部从项目库中选取，预算批复后可以尽快拨付或下达财政资金，以提高财政项目支出的执行进度和执行效果。近两年，省属高等院校等省直部门已开始进行部门整体绩效指标体系的

编制和整体绩效自评等试点工作。

将绩效目标的确定与分解工作融入到预算编制过程中，改变了以往财政支出绩效管理以事中和事后管理为主的特点，这种事前管理不仅仅是财务管理中的预算活动，也是财政支出部门或单位对财政支出绩效的一种承诺，是财政支出部门或单位责任意识和契约精神的一种体现。

(二)引入第三方机构，加强财政支出绩效评价

2012 年省财政厅制定了《湖北省省级财政项目资金绩效评价实施暂行办法》(鄂财绩发〔2012〕5 号)对省级财政项目资金的绩效评价进行了明确规范。2016 年，财政厅组织各部门或单位进行财政支出项目绩效或整体绩效评价，对各部门绩效自评报告进行评审定级，同时引入第三方评价机构开展省级财政项目支出重点绩效评价，并在财政资金的分配中积极应用绩效评价结果。

为解决高职教育预算拨款的公平与效率问题，提高拨款核定和下达的透明度，避免政府部门到高职院校拨款模式受人为因素影响过大等缺陷，促进高职院校提高经费使用的效率和效益，提高高职院校教育质量，近几年湖北省尝试通过政府采购引入了独立第三方评价机构，参与全省高职院校财政支出绩效管理。通过第三方机构将行业、企业、用人单位、教师、学生等各方评价结合起来，预算绩效管理工作质量和专业化程度逐步提高，绩效评价范围不断扩大，绩效评价质量逐年提高，绩效评价结果的应用和公开力度明显加大。

(三)强化绩效评价结果及应用

2016 年，省财政厅通过政府采购引入第三方中介机构对多项全省重点财政支出项目进行了评价，其中对包括高职教育品牌和特色专业建设项目在内的 7 项教育专项资金，并对绩效评价结果进行应用，对绩效评价发现的问题项目进行勒令整改、收回资金等处理，对相关地(市、州)进行了奖惩，将高职教育财政支出绩效评价结果与 2017 年职业教育

质量提升计划专项资金等财政资金的分配挂钩，取得了较好的效果。

同时，湖北省还对各部门上交的绩效评价报告进行了评估和定级。2016 年，省直 139 个部门上报了 622 份有效的绩效评价报告，评价资金总额达到 317 亿元，22 个省直单位开展了整体支出绩效评价，87 个部门在公众网或部门内部网络公开了绩效自评报告，54 个部门对绩效报告中反映的问题进行了整改，61 个部门对绩效评价结果进行了应用。省财政厅对省直部门 137 个份绩效评价报告进行了评级。

在此基础上，各地(市、州)也在逐步推进包括高职院校在内的部门或单位进行预算项目的编制、财政项目预算支出绩效、财政支出部门整体绩效的评价试点等相关工作。

二、湖北省对高职教育品牌和特色专业建设专项的绩效评价

2016 年，湖北省财政厅对全省 2015 年高职教育品牌和特色专业建设项目进行了全面绩效评价，经历了前期准备、现场实施、评价分析、评价报告撰写四个阶段，并将绩效评价初步结果应用于全省职业教育质量提升计划专项资金的分配，取得了较好的效果。

(一)评价项目基本情况

2016 年，湖北省财政厅对全省 2015 年高等职业教育品牌和特色专业建设项目(以下简称"项目")包括 40 所高职院校(其中 37 所公办高职院校和 3 所民办高职院校)的 55 个专业共 64 个项目进行了支出绩效评价。项目分布于省教育厅直属 11 所院校(其中公办院校 8 所、民办院校 3 所)、15 个地市州直属 17 所院校，其他 11 个厅局、集团公司单位所属 12 所院校，涵盖了工科(30 所院校)、医药(1 所院校)、政法(2 所院校)、财经(2 所院校)、艺术(2 所院校)、师范(1 所院校)、林业(1 所院校)和综合(1 所院校)，计划投资总额为 1.39 亿元，其中省级财政补助资金6 400万元。

本次绩效评价对象为纳入湖北省 2015 年度高职教育品牌和特色专业建设项目的财政专项补助资金 6 400 万元，涉及 21 个品牌专业 23 个项目、34 个特色专业 41 个项目。

(二)评价方法

绩效评价引入独立的第三方专业评价机构，采用目标比较法、公众评价法、实地调研法、定性与定量结合法等方法，从投入、过程、产出和效果四个维度，对总项目和单个项目两个层次进行了绩效评价。

一是目标比较法，指通过对项目实际产出与预定目标的比较，分析完成目标或未完成目标的原因，从而评价绩效状况的方法。

二是公众评价法，是通过设计调查问卷，分发利益相关人群(如教师、学生等)，最后汇总分析各方反馈情况进行评价。

三是实地调研法，由评价人员现场调研，深入了解项目建设的最新动态和运行维护情况，搜集第一手资料，核实项目建设实施、产出和效益情况。

四是定性和定量相结合的方法，评价指标尽可能采用定量指标，不得不使用的定性指标也需要进行适度量化处理，既有定量数据，又进行定性分析，避免过于笼统、无说服力的结论。

同时，以单个项目绩效评价为基础，对全省高职教育特色和品牌专业建设专项进行综合评价，采用加权等方式计算总项目的绩效评分。

(三)评价指标体系的设置

评价小组根据高职教育品牌和特色专业建设项目的特征，研究制定了高职教育品牌和特色专业建设项目评价指标体系框架及评分表，并对每个指标设定了标准分、目标值或参考值、评分标准等。

项目绩效评价总体框架分为指标、目标值或参考值、标准分值、指标解释、指标说明和评分标准、证据来源、证据收集方式等，标准总分为 100 分。

项目绩效评价共设置 4 个一级指标、13 个二级指标、36 个三级指标，精细化 61 个评价点。一级指标包括投入、过程、产出和效果 4 个维度。具体如下：

1. 投入类指标

投入类指标主要评价高职教育品牌和特色专业建设项目前期投入调研充分程度、程序规范程度及资金落实程度，从项目立项及资金落实两个方面设计指标，设定了 2 个二级指标、4 个三级指标。

项目立项从项目立项规范性和绩效目标合理性两个方面考虑，设定了项目立项规范性和绩效目标合理性 2 个三级指标：

一是项目立项规范性考核项目立项的规范情况，从总项目和具体建设项目两个层级进行考核。总项目考核内容包括项目是否有规划，是否按管理办法和分配办法分配资金。具体项目考核内容，主要包括：项目是否有规划，是否按照规定的程序申请设立，所提交的文件、材料是否符合相关要求，事前是否已经过必要的可行性研究、专家论证、风险评估、集体决策等，项目执行时是否发生重大调整。

二是绩效目标合理性考核项目绩效目标与项目实施的相符情况，考核内容包括是否设定长期目标、年度目标和绩效指标，目标和指标的设计是否符合目标管理规范，根据绩效目标和完成情况的对比考核目标设立的合理性，绩效指标是否具有可测性。

资金落实从资金到位率和到位及时率两个方面考核和评价，用以反映和考核资金落实情况对项目实施的总体保障程度、及时性程度。

2. 过程类指标

过程类指标主要评价项目建设过程中的各项管理活动，从项目管理和财务管理两个方面设计指标，设定了 2 个二级指标、5 个三级指标。

（1）项目管理从项目组织及制度保障、项目质量可控性两个方面考虑，设定了项目组织及制度保障、项目质量可控性 2 个三级指标。项目组织及制度保障考核项目组织机构、管理制度对项目顺利实施的保障情况，从项目组织机构、总项目及具体项目三个层级进行考核。

项目组织机构考核内容包括教育行政管理部门及项目实施单位是否设有专设机构管理项目建设；总项目层级考核内容包括是否按项目管理制度进行管理，项目管理制度是否合法、合规、完整；具体项目层级考核内容包括是否遵守相关法律法规和项目管理规定，项目调整及支出调整手续是否完备，是否严格执行项目管理程序及招投标制、监理制、合同制、项目公示制、政府采购等，项目合同书、验收报告、技术鉴定等资料是否齐全并及时归档，项目实施的人员条件、场地设备、信息支撑等是否落实到位。项目质量可控性考核项目实施单位对项目质量的控制情况，考核内容包括是否已制定或具有相应的项目质量要求或标准，是否采取了相应的项目质量检查、考核、评估、验收等必需的控制措施或手段，项目实施单位是否有完整的项目台账或档案，信息是否准确无误。

（2）财务管理指标下设了管理制度健全性、资金使用合规性、财务监控有效性3个三级指标。管理制度健全性考核财务管理制度对资金规范、安全运行的保障情况。资金使用合规性是考核省财政厅拨付的补助资金的使用是否符合国家财经法规和财务管理制度以及有关专项资金管理办法的规定，资金的拨付是否有完整的程序和手续，项目的重大开支是否经过评估认证，是否符合项目预算批复或合同规定的用途、标准、计划金额，是否存在截留、挤占、挪用、虚列支出等情况。财务监控有效性考核项目实施单位是否为保障资金的安全、规范运行而采取了必要的监控措施，包括是否已制定或具有相应的监控机制，会计核算是否符合规范、财务信息是否可靠，是否采取了相应的财务检查等必要的监控措施或手段。

3. 产出类指标

产出类指标主要评价项目完成时所提供的公共产品和服务的数量，主要考核项目的产出数量、产出时效、产出质量和成本控制，从项目执行、实际完成率、完成及时率、质量达标率和成本控制五个方面设计指标，设定了5个二级指标、15个三级指标。

一是项目执行，主要考核项目资金使用情况，下设项目执行率 1 个三级指标。

二是实际完成率，主要考核项目产出数量目标的实现程度，下设品牌专业数，特色专业数，实训基地新增数，本专业专任教师增长率，生师比，双师型教师比例，担任 B、C 类课程教师比例 7 个三级指标。

三是完成及时率，考核项目产出时效目标的实现程度，下设工作任务完成及时率 1 个三级指标。

四是质量达标率，考核项目产出质量目标的实现程度，下设生均校内实践教学工位数、课程开设结构、生平接触教师时间、学生实训人数增长率、毕业生顶岗实习对口率 5 个三级指标。

五是成本控制指标，考核项目的成本控制效力，下设生均日常教学经费 1 个三级指标。

4. 效果类指标

效果类指标主要评价项目实施对经济、社会发展所带来的直接或间接的影响情况，从经济效益、社会效益、可持续影响、社会公众满意度四个方面设计指标，设定了 4 个二级指标、12 个三级指标。

一是经济效益指标，考核项目校企联合办学、高职院校为地方经济服务所带来的直接或间接经济影响，下设工学结合效应 1 个三级指标。

二是社会效益指标，这是高职教育品牌和特色专业项目建设的重要绩效指标。下设提高服务区域经济发展能力、社会吸引力、企业订单学生所占比例、毕业生职业资格证书获取率、本专业学生技能竞赛获奖次数、直接就业率、毕业生就业去向 7 个三级指标。具体如下：提高服务区域经济发展能力，考核专业方向设置与地方课程开发符合湖北经济发展需求及湖北高职教育教学的需要，以专业与社会需求的吻合度、校外专业实习基地和实践活动场所的达标情况来衡量；社会吸引力，考核参建专业当年招收新生的状况，以招生率反映；企业订单学生所占比例，考核学校接受企业订单的情况；毕业生职业资格证书获取率，考核毕业生获得职业资格证书水平状况；本专业学生技能竞赛获奖次数，考核项目专业学生参加国家、省级高职高专技能比赛的获奖情况；直接就业率，考核项目专业应届毕业生已直接就业(或创业)的情况；毕业生就业去向，考核项目毕业生当年已直接就业状况，包括就业的专业相关度、省内就业比例、小微企业就业比例、骨干企业就业比例等。

三是可持续发展指标，下设可持续发展保障指标 1 个三级指标，考核项目后续运行及成效发挥的可持续影响情况。

四是社会公众满意度指标，下设教学质量评价满意度、教职工满意度和毕业生质量满意度 3 个三级指标，度考核企事业、学生和家长、教职工对本专业的满意度情况。教职工满意度考核本专业教职工对专业创建管理过程及效果的满意度，毕业生质量满意度考核接纳本专业毕业生的企事业对毕业生素质、能力评价的满意度。

项目绩效评价指标体系详见表 6-1。

表 6-1　高职教育品牌和特色专业建设项目绩效评价指标体系框架

一级指标	二级指标	三级指标	标准分	目标值参考值	指标解释	指标说明	评分标准	……
投入	项目立项	1 项目立项规范性						
	资金落实	1 绩效目标合理性						
		2 资金到位率						
		3 到位及时率						
过程	项目管理	1 项目组织、制度保障						
		2 项目质量可控性						
	财务管理	1 管理制度健全性						
		2 资金使用合规性						
		3 财务监控有效性						

续表

一级指标	二级指标	三级指标	标准分	目标值参考值	指标解释	指标说明	评分标准	……
产出	项目执行	1 项目资金使用率						
	实际完成率	1 品牌专业数						
		2 特色专业数						
		3 实训基地新增数						
		4 本专业专任教师增长率						
		5 生师比						
		6 双师型教师比例						
		7 担任 B、C 类课程教师比						
	完成及时率	1 工作任务完成及时率						
	质量达标率	1 生均校内实践教学工位数						
		2 课程开设结构						
		3 生平接触教师时间						
		4 学生实训人数增长率						
		5 毕业生顶岗实习对口率						
	成本控制	1 生均日常教学经费						
效果	经济效益	1 工学结合效应						
	社会效益	1 提高服务区域经济发展能力						
		2 社会吸引力						
		3 企业订单学生所占比例						
		4 毕业生职业资格证书获取率						
		5 本专业学生技能竞赛获奖次数						
		6 直接就业率						
		7 毕业生就业去向						
	可持续影响	1 可持续发展保障						
	社会公众或服务对象满意度	1 教学质量评价满意度						
		2 教职工满意度						
		3 毕业生质量满意度						

(四)评价指标的权重或分值设定

综合考虑绩效评价因素，评价设定的一级指标投入、过程、产出和效果四个维度的指标权重分值分别为 12 分、20 分、34 分、34 分。每个二级指标下设若干三级指标，每个三级指标下设若干评分条目，共设置 13 个二级指标 36 个三级指标。其中，投入指标下设项目立项、资金落实 2 个二级指标；过程指标下设项目管理、财务管理 2 个二级指标；产出指标下设项目产出项目执行、实际完成率、完成及时率、质量达标率和成本控制 5 个二级指标；效果指标下设经济效益、社会效益、可持续影响、社会公众满意度 4 个二级指标。

(五)评价指标标准值的确定

指标标准值是绩效评价指标的尺度，既要反映同类项目的先进水平，又要符合项目的实际绩效水平。鉴于高职品牌和特色专业建设项目特点及实际情况，主要采用计划标准，即按照《湖北省高等职业教育品牌和特色专业建设项目管理办法》《省教育厅关于组织开展高等职业教育省级品牌专业与特色专业建设的通知》申报所确定的绩效指标目标值作为评价指标标准值，部分指标值以上年度值为绩效指标目标值。

(六)绩效评价等级的设定

依据《省财政厅关于做好 2016 年重点绩效评价工作的通知》(鄂财函〔2016〕211 号)，将评分结果级别分为优(90~100 分)、良(80~90 分)、中(60~80 分)、差(60 分以下)四级。

(七)证据收集方式

项目绩效评价过程中，主要采用案卷分析、实地调研、召开座谈会、满意度调查、调取会计核算系统数据等方式采集绩效评价相关证据。

1. 案卷分析

从项目主管单位和项目实施单位收集项目建设相关资料，进行整理分析，判断项目财政资金竞争性分配的公开性、公平性，项目立项的合理性、必要性、可行性，所提供评价资料的完整性、充分性，为绩效评价提供相关分析的理论和现实基础。

2. 实地调研

根据项目特点和再评价需要，合理选择抽样单位实地调研项目建设形象进度和现场管理水平，了解项目最新动态、相关进展情况以及产生的效益情况，核实其与资金支出情况的匹配性，同时直接掌握项目建设、运行与维护管理情况的基础数据和信息，确保绩效评价工作与项目管理的有效衔接。

3. 开座谈会

通过听取抽样项目单位对于项目建设过程、管理的陈述和分析，总结项目实施成果和存在的不足，并针对性地提出部分问题，及时与单位进行有效沟通、洽谈，听取意见和建议，尽可能消除评价双方信息不对称的问题。

4. 满意度调查

根据项目特点和评价证据内容，设计调查问卷，根据项目利益相关人群设定调查对象，采取分层抽样的办法进行满意度调查。

5. 会计核算系统等数据平台及其他公开信息

根据绩效评价工作的需要，从各相关院校会计核算系统、高职教育数据平台、预决算系统等数据平台或其他公开信息获取相关评价证据。

将所有从案卷分析中获得的证据与实地调研、座谈会、问卷调查、会计核算系统及公开信息中获得的证据汇集起来，对同一指标在不同文件资料中的证据进行对比、印证、核实和补充，经过验证和确定后形成准确、可靠和有效的评价证据。

(八)绩效评价结果及应用情况

1. 绩效评价结果

截至2015年12月31日，项目实际支出5 424.33万元，计划投资完成率39.1%，整个项目绩效综合评分为77.5分，等级级别为"中"（具体见表6-2）。

表6-2　　　**高职教育品牌和特色专业建设项目综合评分表**

评价指标	权重(分值)	评级分值	项目得分	得分率	绩效评价
项目投入	12	12	5.5	45.83%	有待改善
项目过程	20	20	16.0	80.00%	较好
项目产出	34	34	25.0	73.53%	一般
项目效果	34	34	31.0	91.18%	效益良好
综合绩效	100	100	77.5	77.50%	

结果表明，湖北省2015年高职教育品牌和特色专业建设项目符合国家政策，总体上决策科学合理，项目运作基本正常，经济、社会效益良好，公众满意度较高，项目建设具有较强的可持续性。但也存在一些问题，如项目进度有待有效推进，过程痕迹管理有待强化，项目绩效指标设定尚需进一步规范、细化、量化，指标需要进一步科学化，绩效核算及信息统计工作有待规范和加强。

1)投入评价

项目投入方面，主要包括立项和资金到位情况的评价。许多项目承担院校没有编制项目规划，大多数单位未形成规范的项目评审方案，项目遴选程序痕迹不清晰，部分项目单位项目申报所提交的文件、材料不够规范。建设项目的年度目标、绩效指标不清晰，部分绩效指标可测性较弱，部分指标及目标值设置不够合理，定量不足，可操作性不强有待改善。

　　总体而言，省级财政补助资金能及时拨付到位，部分院校自筹配套资金未及时到位或者因地方财政困难未能及时配套支持，到位率较低。从核实的各院校项目情况进行分析，省级财政补助资金到位率100%，拨付项目单位资金率为94.97%，自筹配套资金到位率56.88%。

　　资金到位的时效性方面，省级财政补助资金于2015年4月拨付，并陆续到位，但部分项目资金落实到项目单位较迟，自筹资金到位及时率低，对项目进度有一定影响。

　　2)过程评价

　　项目过程评价主要是评价项目管理方面的组织及制度保障性、项目质量可控性，财务管理方面的制度健全性、资金使用合规性、财务监控有效性。

　　(1)项目管理。总体来说，教育主管部门项目组织、制度保障性较为有效，项目管理制度合法、合规、完整，但缺少项目跟踪管理痕迹。大部分项目实施院校结合项目管理需要，因地制宜地制定或具有相应的项目管理制度。如武汉船舶职业技术学院制定了《专项资金管理办法》、《项目负责人管理制度》、《项目跟踪检查管理制度》、《实训室设备采购管理制度》、《实训室开放运行管理办法》等制度，明确了各项目组的主要职责，规定了项目实施、检查、监督等办法以及项目考核、资金管理等管理原则，明确了项目专项资金预算、使用和项目仪器设备购置、验收、管理等管理办法，加强了项目专项建设资金的使用管理，规范了仪器设备的管理，保障了项目建设的有序推进。

　　据统计，项目实施单位均成立了高职品牌和特色专业建设项目领导小组，明确了职责分工；制定了较完备的专业建设方案和专业建设任务书，采取了相应的项目质量检查、考核、评估、验收等必需的控制措施，保证项目的有序进行。

　　大多数项目单位，项目建设目标明确，质量可控，但项目痕迹管理较薄弱，过程记录资料不够充分，信息不够完整，尤其是实训、顶岗实习过程信息不充分，管理不够规范。

（2）财务管理。财务管理评价主要包括财务管理制度健全性、资金使用合规性、财务监控有效性三个方面。

从核实情况看，项目单位制定或具有相应的项目资金管理办法，且符合相关财务会计制度的规定，有效地规范了项目财务管理。

项目资金使用合规，资金拨付具有完整的审批程序和手续，不存在支出依据不合理、虚列项目支出等现象，没有发现截留、挪用项目资金等情况，未发现以现金支付工程款、设备材料款，白条抵库等现象。在项目建设过程中，项目实施院校执行《湖北省高等职业教育品牌专业和特色专业建设项目管理办法》，以项目实施方案为报账依据，由资金使用单位提出资金拨付申请，项目小组审核认定，院校负责人签署意见，实行国库集中支付。

项目财务监控总体有效。各项目院校基本上能够按《高等学校财务制度》（财教〔2012〕488号）的要求组织项目资金管理，在项目资金的使用上，遵循项目建设资金使用由经手人、专业项目负责人及职能部门负责人签字、专业项目分管院领导签字，财务部门审核，院领导审批，按照学院财政国库资金支付工作流程办理支付手续。项目单位及时组织了会计核算，项目结算、审核、报账符合规定程序。

总体来说，项目财务管理较好，但存在少数院校将非项目费用计入项目支出的情况，有的将2013年、2014年支出列入项目支出，存在挤占项目经费现象。但大部分院校未实行专账核算或未健全辅助账，支出信息需要从不同会计核算科目进行整理合成，项目会计信息的真实性、完整性存在瑕疵。

3）产出评价

项目产出主要评价项目执行、实际完成率、完成及时率、质量达标率、成本控制五个方面的指标，考核项目产出的数量目标实现程度、时效目标、质量目标、成本控制等目标的实现程度。

（1）项目执行。项目执行评价主要以项目执行率（即项目实际支出与项目到位资金的比率）为依据，用以反映和考核项目资金使用情况。

从全省 40 所项目院校资料分析，项目到位资金未及时、有效地运用。2015 年到位资金 8 767.58 万元，实际使用 5 424.33 万元，项目资金使用率为 61.87%。其中，省级财政资金拨付到位项目单位 6 078.35 万元，使用 4 445.99 万元，财政资金使用率为 73.14%。

（2）实际完成率。建设项目实际完成率评价包括品牌专业项目数，特色专业项目数，实训基地新增数，本专业专任教师增长率，生师比，双师型教师比例，担任 B、C 类课程教师比例七个方面指标的完成情况。数据显示，品牌和特色专业建设完成的项目数完成率较低，具体数据如下：

①品牌专业项目数：建设品牌专业项目计划 23 个，基本建成 13 个，完成率 56.52%。

②特色专业项目数：建设特色专业计划 41 个，基本建成 16 个，完成率 39.02%。

③实训基地新增数：根据 40 所项目院校提供的 64 个项目资料统计、分析，2015 年末，品牌和特色专业建设项目校外实训基地达到 1 216 个，比上年增加 276 个；校内实训基地达到 581 个，比上年增加 99 个，较好地达成了项目预期目标。

④本专业专任教师增长率：2015 年末，64 个品牌和特色专业建设项目专任教师人数为 2 102 人，比上年 1 922 人增加 180 人，建设项目专业专任教师增长率为 9.37%。

⑤生师比：本建设项目专任教师人数为 2 102 人，相关专业学生人数为 45 861 人，生师比为 21.82/1，比上年的生师比提高 6.83%（2014 年本项目专任教师人数为 1 922 人，相关专业学生人数为 45 026 人，生师比 23.42/1）。

⑥双师型教师比例：预期目标 80%，实际达到 81.73%，完成率为 102.50%。2015 年末项目专任教师人数为 2 102 人，双师型教师人数为 1 718 人，双师型教师比例为 81.73%，达成预算目标，比上年提高 7.37%（2014 年末项目专任教师人数为 1 922 人，双师型教师人数为

1 463人，双师型比例为76.12%）。

⑦担任B、C类课程教师比例：预期目标84%，实际达到85.73%，完成率101.78%。2015年末项目专任教师人数为2 102人，担任B、C类课程教师人数为1 802人，B、C类课程教师比例为85.73%，达成了预期目标，比上年提高12.62%（2014年末项目专任教师人数为1 922人，担任B、C类课程教师人数为1 612人，B、C类课程教师比例76.12%）。

（3）完成及时率。完成及时率评价，指项目实际提前完成时间与计划完成时间的比率，用以反映和考核项目产出时效目标的实现程度。完成及时率=［（计划完成时间（项目）-实际完成时间（项目））/计划完成时间（项目）］×100%。

该评价指标体系将项目进度分为进度吻合、进度基本吻合、进度滞后、进度严重滞后四个等次。进度达到95%及以上的，判断为"进度吻合"；进度在70%～95%的，判断为"进度基本吻合"；进度在40%～70%的，判断为"进度滞后"；进度在40%以下的，判断为"进度严重滞后"。

根据40所项目院校提供的64个项目资料统计、分析，64个专业建设项目中，进度吻合18个，进度基本吻11个，进度滞后14个，进度严重滞后21个，项目基本建成仅29个，完成及时率为44.62%，项目进度迟缓，建设进度严重滞后的项目占项目总数的三分之一。其中，4个项目完成率低于5%，个别特色专业建设项目300万的财政项目资金只花了不至1万元，几乎未启动；2个项目进度低于10%；4个项目进度不足20%。

（4）质量达标率。质量达标率指标包括生均校内实践教学工位数、课程开设结构、生平接触教师时间、学生实训人数增长率、毕业生顶岗实习对口率。

①生均校内实践教学工位数是指学校校内实践（实习、实训）场所进行实践教学的工位数，即学生或某一设备完成某一实训任务所需要的

位置或设备的数量。2015 年末，项目校内实践教学用房面积达到 196 500.92m²，实训学生人数 40 312 人，生均校内实践教学面积 4.87m²，比上年的 4.64m² 提高 4.96%。

②课程开设结构，是指学校"纯理论课"（A 类）、"实践+理论课"（B 类）和"纯实践课"（C 类）三种课程的课时比例情况。2015 年"纯理论课"（A 类）、"实践+理论课"（B 类）和"纯实践课"（C 类）三种课程的课时比例，大部分项目院校为 A∶B∶C=1∶4∶1~1∶3∶1.5，较好地体现了职业教育重在技术技能实训的理念。

③生均接触教师时间，是本年度某专业专任、兼课、兼职、校外兼课教师教学工作量除以本专业在校生平均人数的值。2015 年生均接触教师时间达到 21.40 学时，比 2014 年的 20.06 学时提高了 6.68%。

④学生实训人数增长率。2015 年项目学生实训人数达 40 312 人，计划完成率 100.34%，比上年 38 095 人增长 5.82%。

⑤毕业生顶岗实习对口率。2015 年项目专业毕业生顶岗实习人数 15 657 人，专业毕业生顶岗实习对口人数 14 934 人，项目毕业生顶岗实习对口率 95.38%，比上年提高 1.47%（2014 年项目专业毕业生顶岗实习人数 14 991 人，专业毕业生顶岗实习对口人数 14 091 人，顶岗实习对口率 94%）。

（5）成本节约率

成本节约率主要以生均日常教学经费作为评价对象。生均日常教学经费，是指本专业日常教学经费与本专业学生平均人数的比值。2015 年项目发生专业日常经费成本节约率为 0.06%，比上年生均日常教学经费在投入上有所增加，既保障了日常教学工作的需要，又得到了适当控制。

4）效果评价

项目效果主要评价其经济效益、社会效益、可持续影响和公众满意程度等相关指标。

（1）经济效益。经济效益评价，主要评价工学结合效应指标。学结合效应是指在保证学生实训的基础上，开展对外加工生产或学生勤工俭学的收效，包括对外加工生产的产品数量、工作成果，学生勤工俭学的工时或收入。据各参建院校提供的建设专业基础信息，对外加工产品数量，与上年相比大幅增长；为社会提供服务的收入大幅增加，勤工俭学工日超过 8 万，勤工俭学收入达 600 多万元，取得了较好的经济效益。但大部分项目院校未健全工学结合效应统计台账，给数据采集带来了一定的困难。

（2）社会效益。社会效益评价，主要包括提高服务区域经济发展能力、社会吸引力、企业订单学生所占比例、毕业生职业资格证书获取率、本专业学生技能竞赛获奖次数、直接就业率、毕业生就业去向等。

①提高服务区域经济发展能力。项目参建院校信息显示，项目单位共修订人才培养方案 26 份，开展专业研究 29 次，校企合作 39 个，建材建设 36 部，建立核心课程教学资源库 14 个，开发微课及信息化课程 93 门，构建实践教学体系 9 个，使专业设置、课程结构、教材更贴近社会实践和需求，较好地实现了专业与社会需求的吻合。校外专业实习基地和实践活动场所，实际达到 1 414 座(所)，比上年的 1 130 座(所)提高了 25.13%。

②社会吸引力以招生率反映。学历教育招生完成率(招生完成率)是录取后的报到数与计划招生数的比值。

根据项目 40 所参建院校所提供的资料统计，2015 年建设专业项目计划招生 13 134 人，实际报到(实录)15 900 人，比上年度报到(实际录取到校)15 607 人增长了 1.88%，具有较好的社会吸引力。

③企业订单学生所占比例。2015 年建设专业项目学生为 45 861 人，订单学生为 3 889 人，企业订单学生所占比例 8.48%，比上年企业订单学生所占比例 6.73% 提高了 26%，较好地完成了预期目标。

④毕业生职业资格证书获取率。数据显示，2015 年所建项目专业毕业生人数 14 894 人，其中取得各级职业资格证书的毕业生从业 13 666 人，职业资格证书获取率为 91.76%。

⑤参建专业学生技能竞赛获奖人次。据资料统计，2015 年参建项目专业中，有 1 个专业 4 人获得全国一等奖、6 个专业 17 人获得全国二等奖、7 个专业 20 人获得全国三等奖，有 9 个专业 29 人获得全省一等奖、9 个专业 32 人获得全省二等奖、5 个专业 14 人获得全省三等奖，取得了较好的以赛促学效果。

⑥直接就业率。2015 年直接就业率 93.66%，其中理工农医专业就业率为 91.49%。据统计，2015 年参建项目所在专业毕业生人数为 14 894 人，直接就业生人数为 13 950 人，直接就业率为 93.66%，比上年直接就业率提高 1.53%。其中，参建项目理工农医专业毕业生人数为 3 089 人，直接就业生人数为 2 826 人，直接就业率 91.49%，。

⑦毕业生就业去向。根参建项目数据统计，2015 年毕业生中省内就业比例为 64.75%，较好地满足了湖北经济社会对职业技能技术人才的需求；小微企业就业比例实际达到 43.13%，骨干企业就业比例达到 24.61%，专业对口就业比例达到 76.85%，总体而言，毕业生就业去向较为合理。

（3）可持续影响。可持续影响是指项目后续运行及成效发挥的可持续影响情况。本专业师资能力可持续，经费有保障，本专业毕业生人才质量符合社会需要，毕业生职业发展可持续，薪酬逐步提高，专业生源可持续。经过一年的建设，高职教育品牌和特色专业建设项目已经显现初步的效益，项目院校坚持以促进就业为导向，以职业能力培养为核心，深入开展了"工学交替、订单培养"人才培养模式探索；通过行业、企业直接参与课程设计、教学和评价，提高了专业教育对技术进步的反应速度，形成了与行业、企业对接紧密、特色鲜明、动态调整的职业教育课程体系；坚持以人为本，提高了人才培养质量。

2015 年，参建项目生均专业设备仪器、生均日常教育经费、项目专业专任教师、聘任兼职教师人数、引进和培训骨干教师人数、引进名师人数、师资培训人次均比上年有了较大幅度的提高，经费资源等到合理保障，专业师资能力有了明显改善。2015年实现了项目专业"订单培养"人数比率、顶岗实习对口率、毕业生就业率、就业满意率、用人单位对毕业生满意度也进一步提高，项目可持续性较强。

（4）公众满意程度。公众满意程度评价主要包括教学质量评价满意度、教职工满意度、毕业生质量满意度三个评价指标，通过问卷调查获取相关数据资料。数据显示，公众(学生、教师、用人单位)对参建项目专业的满意度较高，均在90%左右。

①教学质量评价满意度。教学质量评价满意度调查针对不特定的学生和职业教育品牌及特色专业建设项目的学生随机展开。针对不特定的学生的问卷调查，围绕学校的师资力量，任课教师教学质量、工作态度及职业道德，学校专业设置及课程安排情况，上课教师的普遍印象，学校教学、实验、实训设备设施改善情况，学校培养学生的方式，近几年在校学生变化，应届毕业生的顶岗实习发问情况，学校实施的职教品牌及特色专业建设项目对改善学院硬件设施、增强师资力量、提升教学水平、优化专业发展、提高学生专业实践能力等方面成效，学校应届毕业生本年的就业形势，学校近2年正在实施的职教品牌及特色专业建设项目知晓情况等11个方面进行，发放问卷1 417份，收回有效问卷1 417份，满意率为88.88%。针对职业教育品牌及特色专业建设项目的学生的问卷调查，围绕专业配置师资力量，专业任课教师教学质量、工作态度及职业道德，本专业课程安排情况，与教师的接触时间，实训课程是否增加，学校教学、实验、实训设备设施改善，专业应届毕业生顶岗实习对口情况，实施的职教品牌及特色专业建设项目对改善学院硬件设施、增强师资力量、提升教学水平、优化专业发展、提高学生专业实践能力等方面的成效，专业订单培养情况，学校应届毕业生就业形势10个方面进行，发放调查问卷1 738份，收回有效问卷1 738份，满意率为88.54%。学生对教学质量评价综合满意率为88.71%。

②教职工满意度，问卷调查满意率为89.49%。针对教职工满意度

问卷调查，围绕学校近 2 年正在实施的职教品牌及特色专业建设项目情况，学校的整体师资力量、职教品牌及特色专业配置的师资力量情况，与学生的接触时间情况，学校实训基地质量、技术含量和使用效果情况，学校实施的职教品牌及特色专业建设项目对增强师资力量、提升教学水平、优化专业发展、提高学生专业实践能力等方面有成效，学院职教品牌及特色专业建设项目管理情况，学校教学质量与教师绩效评价、考核挂钩制度情况，学校就业质量跟踪调查制度及执行情况，为企业、学生和学生家长对毕业生或学校教育满意状况，学生对课堂教学满意状况，应届毕业生目前顶岗实习对口情况及顶岗实习人数变化，学校的订单培养人数变化情况，学校职教品牌及特色专业应届毕业生本年的就业形势，学校培养出的毕业生总体情况，学校整个人才培养工作评价等 15 个方面进行，发放调查问卷 687 份，收回有效问卷 687 份，教职工满意率率 89.49%。

③毕业生质量满意度。针对企业等用人单位，对毕业生质量满意度进行问卷调查，围绕学生适应环境的能力，解决问题的能力、创新能力，工作态度、敬业精神，质量、安全和保护意识，沟通交流能力、表达能力，独立工作能力、操作技能，组织协调能力、团队合作能力，人文素质，计算机的应用能力，学生综合评价 10 个方面进行，发放调查问卷 319 份，收回有效问卷 319 份，企业单位对毕业生质量满意率为 90.30%。

2. 评价结果的应用

经绩效评价专家评审，本次绩效评价出具的"湖北省级财政项目支出绩效评价报告"被认定为"良好"等级，结果可应用。根据评价结果，针对报告时点各地相关项目实施中存在的重点问题，一是对绩效评价中发现的问题进行通报、勒令整改或收回资金等应用，二是对相关地（市、州）进行奖惩（具体见表6-3）。

表 6-3　　　　　　　　　　　**绩效评价结果应用表**

地区	学校	项目	金额	主要问题					结果应用		
				项目未启动	专项资金未按规程调整至其他项目	资金被挪用至非规定用途教育项目	财务管理不规范	……	资金收回	地区奖惩	……

(九)高职教育绩效评价中存在的问题及改进

1. 存在的问题

(1)绩效管理问题待改善。

一是缺乏项目整体规划或规划不够合理，绩效目标指标难以体现。由于项目启动时未有编制项目发展规划，申报文件中虽提出了总发展目标，但未能分解各项目专业的绩效目标体系，因此在项目申报书中，各院校根据项目特点罗列出系列的建设目标、预期目标及验收要点，定性描述较多，不利于项目的实施、中期考核和最终的绩效评价。

二是项目部分绩效指标可测性差，缺乏操作性。如人才培养模式改革预期目标为：建立校企深度合作运行体制机制；初步构建"校企共建、工学结合"的人才培养模式；初步构建基于工作过程的课程体系；改革效果明显，校企合作成果体现；初步构建国际先进课程体系；探索"任务驱动、项目导向"的教学模式；改革教学方法，创新教学手段，强化学生能力的培养；计划建设信息化资源库；根据课程特点、教学具体内容和不同层次的学生培养目标，进行教学和学习情境构建；探讨先进的教学方法；使学生学习兴趣、职业兴趣更浓。实践教育体系建设预期目标为：形成学生校内实训文件，形成学生校外实训评价文件，实践育人管理监督机制，实践教学质量明显提高。教育质量评价预期目标为：收集人才培养质量标准，制定人才质量评价方法，构建教学信息跟踪、反馈体系和教学评价体系，试行多方参与的教育质量评价制度。这些绝大部分属于定性指标，是从定性方面进行描述，不具有可衡量性和操作性。

三是效率指标"产出化"、"成绩单化"，缺乏反映效率、效果的指标。由于诸多支出的绩效指标的量化难度较大，导致各高职院校在预算编制和项目申报和评价时的绩效指标往往缺乏真正能够反映效果、效率的指标，导致绩效指标均以"产出"、"结果"列示，"成绩单"代替了效果、效率。虽然财政支出发生了，项目完成了，绩效评价也做了，但分析发现，现阶段大多数财政支出绩效评价仍然以支出"成绩"为主，真正的支出效率、效果怎么样，还是未能较好地反映。

四是财政支出绩效评价"审计化"倾向。由于财政支出总是不可避免地与财务工作相关，所设计的高职教育项目或整体支出绩效指标大多从财务管理、资金执行、预算管理等角度设置，导致了绩效评价的"审计化"倾向，甚至以审计代替绩效评价。

五是绩效指标过多、过杂。指标越多，绩效指标设计和评价的工作量越大，绩效管理过程越繁琐，导致绩效管理本身的内耗增加，工作效率降低，也致使各个绩效指标的权重被分散，弱化了重要指标的导向功能和绩效管理工作在高职院校内部的推行和应用。

六是部分绩效指标与财政支出的绩效目标产生较大偏离，使得绩效指标的编制与评价工作流于形式，造成极大的资源浪费，甚至本末倒置。

七是部分绩效评价指标成为事后设置，甚至待项目完成后才依照项目的建设情况设置成绩单式的绩效指标体系，成为应付绩效评价的工具。这样的绩效管理完全无法发挥其应有的导向作用，不仅谈不上绩效管理效率，还产生了各种各样的副效应。

（2）建设项目较分散，部分高职院校项目建设进度滞后。

2015 年湖北省高职教育品牌与特色专业建设项目涉及 40 个院校 64 个项目，财政补助标准每个项目 100 万元，地方财政或院校配套、自筹资金不到位，过分依赖省级财政资金，难以发挥省级财政资金投入的引导效应。

根据 40 所项目院校提供的 64 个项目资料统计、分析，64 个专业建设项目中，进度吻合 18 个，进度基本吻合 11 个，进度滞后 14 个，进度严重滞后 21 个，项目基本建成 29 个，及时率 44.62%。

项目进度未完成的原因，一是部分院校对项目资金计划安排认知上的偏差，以为项目实施周期为 2 年，省级财政补助可以在 2015—2016 年内持续完成；二是预算编制影响，由于项目资金计划（鄂财教〔2015〕84 号）是 2015 年 4 月下达的，项目支出未编入 2015 年度预算绩效和政府采购范围内，部分市州财政预算管理运行体制使得项目院校财政资金无法使用；三是政府采购的实际运行和操作对项目进展有一定的影响；四是市州财政困难致使部分院校自筹难以落实到位。

（3）项目管理不规范，绩效管理基础信息工作有待加强。

一是过程管理不到位，痕迹管理薄弱。项目管理、工作记录、报告信息等方面存在不规范性。部分资料和信息是事后完善的，但有些场景或现象无法复制或再现，致使某些评价佐证材料充分性、真实性存在瑕疵。

二是基础信息管理不到位。会计核算与预算绩效核算未能有效结合，大部分院校未能对项目资金实行专户专账核算，不能通过核算系统辅助账生成提取项目核算信息。基础核算信息与项目统计信息衔接不足，致使不同时段对外报出的信息存在差异，项目支出信息的真实性、完整性存在瑕疵。

三是绩效信息未能得到充分利用，未能充分发挥绩效目标对项目进度、项目质量的控制作用。

2. 对绩效管理的改进建议

(1)加强绩效目标管理,建立财政专项事前评价制度。

省教育厅、市(州)行业主管部门应进一步加强高职教育项目库管理,编制省高职教育品牌和特色专业建设项目发展规划,做好项目的遴选工作,科学论证合理选项,建立和完善省高职教育专业建设项目库,实现高职教育项目库滚动管理。

加强高职教育绩效目标管理,建立省高职教育专业建设项目财政专项资金绩效指标体系,科学、全面、经济、合理、适用地设置绩效指标,建立绩效指标库。

优化绩效指标结构,提高绩效目标编报质量,力求绩效目标内容完整,绩效指标设计合理,指标值易于实现,提高绩效指标的可衡量性、操作性,着力避免绩效目标及指标与绩效评价脱节。

建立财政专项资金分配前评价制度,加强项目遴选、项目绩效目标设定及指标编制评估、项目申报材料审核及实地核实等工作,为项目的有效实施、财政专项资金的绩效评价提供坚实的基础和有效的指引。

(2)加强绩效管理制度和流程的建设,提升绩效管理功效。

一是建立和完善高职教育财政资金绩效管理制度。省财政厅、教育厅应当根据高职教育发展的需要和特点,结合财政资金监管的要求,制定《湖北省高职教育财政专项资金分配管理办法》、《湖北省高职教育财政专项资金绩效评价管理办法》、《湖北省高职教育财政专项资金管理办法》等制度,加强高职教育财政专项资金分配管理、预算绩效目标建设管理、资金使用效率管理,建立和完善项目支出绩效考评机制。各项目单位应当根据学校事业发展规划,科学组建项目库,提高预算项目的可执行性;深化、完善绩效指标体系,合理地设计绩效目标值,把部门整体绩效指标、项目绩效指标与单位内部职能、部门绩效目标有机结合,精准地分解预算计划,使预算与部门工作有机衔接、有效结合,预算执行、工作过程、工作结果与绩效评价有效结合起来,提升预算的执行力和效力,保障绩效目标有效达成,有效发挥预算绩效管理的指引作用，增强项目承担单位和职能部门绩效管理意识，提高项目绩效管理水平。

二是实现预算绩效管理全流程覆盖。省教育主管部门及高职院校要根据"两个责任主体"的精神内涵和建立事权与支出相适应制度的要求，拓展预算绩效预算范围，扩大预算绩效跟踪流程，完善预算绩效跟踪手段，形成"用钱必问效，无效必问责"的财政预算观，建立"跟踪问效，追踪问责"的绩效责任机制。

三是建立绩效信息平台。由财政部门牵头，组织科研、院校、中介服务机构探索建立绩效管理信息系统，健全指标体系，建立分行业绩效目标参考值和绩效评价指标值，逐步完善财政支出绩效信息数据库，提高绩效管理的水平和效率。省教育厅应当结合高职教育管理的特点和监管需要，合理设计一套适宜的全省高职教育系统业务绩效评价指标体系，建立绩效评价信息平台，提高绩效评价的技术性、科学性、权威性。

四是规范基础信息工作管理，提升绩效评价结果利用价值。加强绩效管理制度和流程的建设，明确各部门职责，强化预算的权威和约束力；完善项目跟踪管理的各个环节，并充分挖掘管理中各种要素的潜力；规范预算绩效信息基础工作管理，倡导绩效痕迹管理模式，完善健全绩效信息记录表单、台账，完善绩效执行报告制度；建立绩效评价信息体系，定期、适时采集项目绩效管理相关数据和信息，加强统计和分析工作，为持续开展绩效跟踪和评价工作创造有利条件；遵循"算为管用"的原则，加强对项目绩效的核算、分析、评价、考核、结果应用，使绩效管理工作与部门职能职责落实、项目遴选、工作业绩议价、个人考评有机结合，夯实考核、反馈、申诉、通报的双向反馈沟通机制，增强绩效管理和评价的透明性、公开性、公正性，发挥绩效评价的导向与指引功能。

三、湖北省高等教育拨款模式的改革情况

(一)在全省范围内推广高等院校生均拨款制度

湖北省实施本科院校生均拨款制度以来，省级财政和教育部门一直参照中央高校的做法，按照生均定额拨款补助加事业发展专项的模式，在生均定额的分配上，采用人员经费加公用经费模式，人员经费严格地按人头计算，同时结合不同专业的培养成本，公用经费则引入了专业系数进行调节，并将这一做法推广应用到省属高职院校的预算拨款上，并初见成效。

目前，省属本科高校和高职院校的生均拨款，均考虑了学科特色和办学成本差异，以1~2.5的不同系数对生均拨款进行了相应调整。但大多数地(市、州)仍在为2017年12 000元的最低生均财政拨款标准而努力，在分配高职院校财政资金时，还没有引入专业调整系数，未考虑专业特色和办学成本的差异。

2016年，省财政多方筹措资金，将新增教育资金主要用于职业教育，省属高职院校生均财政拨款提前一年达到中央提出的高职院校生均财政拨款不低于12 000元的标准，在高职教育质量提升计划专项资金的分配环节中，通过绩效评价和全面引入绩效拨款机制等方式，强化政策引导和绩效导向作用，促进各地(市、州)加大对高职教育的财政投入。

近年来，随着各项改革的深入推进，现有的高校预算拨款制度也出现了一些问题，比如省属本科项目设置过多、过杂，部分项目同质化现象严重，在生均拨款的分配上"一刀切"，导致了新的平均主义，吃大锅饭的现象也普遍存在，对于推动高校质量提升和内涵式发展的激励引导作用没有完全发挥出来。

对于高职院校，一方面投入总量还不够，另一方面高职项目支持额度较低，如100万元的高职特色专业、品牌专业的财政经费对于一个品

牌或特色专业的建设而言实为杯水车薪，还需要从制度上要求地方财政和参建院校进行配套，同时加大省财政对高职教育重点专项建设的投入，才能确保项目建设的质量。

(二)增加"双一流"、"捐赠收入财政配比"等专项资金，推进高校预算拨款体制改革

中央在 2015 年出台了《财政部教育部关于改革完善中央高校预算拨款制度的通知》，同时要求各地结合实际，改革完善地方高校预算拨款制度。湖北省财政关于预算拨款制度也有一些设想，做了一些工作，希望通过改革赋予高校更多的教育自主权，学校做什么项目由学校自己决定。近年来，省财政厅会同省教育厅对部分项目进行了一些整合，由教育厅直接分配的项目资金减少了 1 个多亿。近期，省财政厅、省教育厅出台的《省属本科高校捐赠收入财政配比资金管理办法》也明确规定，高校是捐赠收入财政配比资金使用与管理的责任主体，由学校统筹用于"双一流"建设、科研、学生资助等方面。另外在"双一流"建设资金上，我们也将更多的资金用于对学校的综合奖补，根据学校、学科的排名进位情况以"后补助"方式进行奖补，资金由高校统筹使用，财政将更多精力集中于资金使用绩效。2017 年，省财政厅年初预算预留了 6 亿元的资金用于高校"双一流"、"捐赠收入财政配比"等项目。这些做法，改变了长久以来的高校预算拨款模式，促进了高校预算拨款制度的综合改革。

(三)创新高职教育质量提升计划专项资金的分配与管理模式

目前，湖北省高职教育的预算拨款主要包括年初部门预算确定的生均定额拨款、项目经费拨款、湖北省财政厅统筹分配的高职教育质量提升计划奖补专项资金。目前，湖北省在对中央提前下达的"现代职业教育质量提升专项资金"的分配上全面引入了绩效拨款机制，破除"一刀切"的财政拨款机制，强化了国家战略、政策、质量和绩效管理的导向

作用。

2017 年年初，湖北省财政厅新出台了《湖北省高职教育质量提升计划奖补资金管理暂行办法》(下称暂行办法)，对职业教育质量提升计划奖补资金的分配、使用和管理等方面进行了明确的规定，对专项资金全面引入了绩效拨款机制，主要采取因素法进行分配。

暂行办法将分配因素分成了生均财政拨款因素、事业发展考评因素、重点改革因素三大类，约 80% 的奖补资金应用了绩效分配机制，主要以部门或市(州)政府对高职教育事业的投入情况、事业发展及改革绩效、项目支出绩效作为分配依据。

(1)生均财政拨款因素：根据各市(州)落实生均财政拨款标准的具体情况，对已达到12 000元的市(州)，根据学生人数结合本地财力系数和高等职业教育支出水平调节系数给予拨款标准基础奖补；同时对于生均拨款水平较上年有所增长的市(州)，根据学生人数结合增幅系数予以奖补，激励地方财政加大对高职教育投入保障力度。

(2)重点改革因素：主要是根据省委、省政府对职业教育发展的有关重要部署，结合近年高职重点改革任务和项目的组织实施情况，按项目根据一定标准分别给予奖补。现阶段主要包括高等职业教育创新行动计划、高水平职业院校和专业建设、职业院校教师素质提高计划、技能竞赛、重点对外交流合作项目等。各项分配因素具体奖补标准每年由省财政厅、省教育厅确定。

(3)事业发展考评因素：通过省级综合考评采取打分制度进行量化考核，主要考核事业发展条件保障情况和事业发展成效。2017 年初，湖北省财政厅制定了"湖北省高等职业学校事业发展量化考评表"，将基本办学条件达标情况、双师型教师队伍建设情况、实习实训条件改善情况、社会认可情况、毕业生就业情况、内部质量保证情况、特色发展情况、校企合作发展情况、服务区域发展情况、社会服务情况 10 项指标作为高职教育事业发展情况的评价因子，对全省高职院校事业发展整体绩效进行量化评分，为财政资金的分配提供数据支撑。

①基本办学条件达标情况，主要据依教育部教发〔2004〕2 号有关办学条件 5 项合格指标(生师比、具有研究生学位教师占专任教师的比例、生均教学行政用房、生均教学科研仪器设备值、生均图书)和 7 项监测指标(具有高级职务教师占专任教师的比例、生均占地面积、生均宿舍面积、百名学生配教学用计算机台数、百名学生配多媒体教室和语音实验室座位数、新增教学科研仪器设备所占比例、生均年进书量)进行考核，以该项目指标满分为基础，按不合格的指标数及分值进行扣减。

②双师素质教师占校内专任教师比例，主要考核比上年增长率。对不同层次、不同起点的院校制定差异化的评分标准。

③生均教学科研仪器设备，主要考核指标比上年增长情况，或按大理科类(含综合、理工、师范、农林、医学)院校和大文科类(语言、财经、政法、体育、艺术)院校分别进行排名次序情况确定考评等次及对应分值。

④社会认可情况，依据当年招生计划完成情况计算，一是考察录取分数线，按照当年各学校在湖北文理科录取分数线综合排序(市州院校与省属院校进行差异化标准)，录取线为批次线的按照批次线上人数/计划数进行排序。二是考察报到率，按照实际报到注册人数/该校实际录取总数进行排序。按综合排名和比上年排名上升情况确定考评等次及分值。

⑤毕业生就业情况，依据上年毕业生就业率、协议就业率等指标综合排名，按综合排名和比上年排名上升情况确定考评等次及分值。

⑥内部质量保证情况，按照省教育厅关于高等职业学校教学工作诊断与改进工作方案开展诊断与改进，并按照要求参加省级复核。依据学校参加省级复核诊断结果确定。

⑦特色发展情况，一是考察学校开设专业涉及专业类别数量/在校生人数，并按从低到高排名，二是考察学校省级及以上重点(品牌、特色、骨干、示范)专业在校生人数占在校生的比例并从高到低排名。按

排名和比上年排名上升情况确定等次及分值。

⑧校企合作发展情况，依据学校合作企业订单培养人数/在校生人数比例排序，按排名和比上年排名上升情况确定等次及分值。

⑨服务区域发展情况，依据上年毕业生在本省就业比例计算，按各校本省就业比例与全省平均水平的比较，按比例计算分值。

⑩社会服务情况，依据学校为社会提供培训人次和为企业提供技术服务到款情况计算。一是"学校为社会提供培训人日/学校开设专业数"，二是"为企业提供技术服务到款额/学校开设专业数"，将两项结果均从高到低进行排序，按排名和比上年排名上升情况确定等次及分值。

在分配省级统筹的现代职业教育质量提升计划专项资金时，还引入了地(市)(州)供养在校生人数、地方人均财力等调节因素，既体现了绩效导向，又考虑了地方财力及财政负担情况，兼顾了财政资金分配的公平和效率。

湖北省提前下达的 2017 年高职教育质量提升计划奖补资金已按此思路进行分配，对地方政府、各主管部门及高职院校等相关各方均起到了良好的促进作用。

第三节　高职教育预算拨款制度的基本原则

一、公平原则

高职教育的财政投入，首先要重视教育公平，即社会成员接受高职教育机会的平等，即在大致相同的条件和规则下，个体能够获得的受教育机会相同，政府及高职教育系统承担着实现教育公平的社会责任。

教育公平包括两个最基本的内容，一是人人享受平等的教育权利，二是人人平等地享有公共教育资源。从教育活动过程来看，教育公平可以分为教育起点公平、过程公平和结果公平。教育公平的结果是根据一定的公平原则进行操作而产生的，从这一角度来看，教育公平可分为原则的公平、操作的公平和结果的公平。教育公平原则是教育结果公平的前提条件，操作的公平需要把实施步骤合理化，并以制度化形式固定下来，形成公平的程序，在此基础上还需要各种形式的监督、评价及配套的手段，从而保障结果的公平。

政府及高职教育系统作为教育公平社会责任的承担者，应通过规则的制定，在财政预算拨款制度的运行中实现高职教育的公平，减少人为原因、地域因素、经济发展因素等造成的教育不公平现象。因此，高职教育预算拨款制度的建立和运行是保障高职教育公平的必由之路。

目前，公认的教育资源分配的公平原则，主要包括资源分配均等、财政中立、照顾弱势群体、成本分担与补偿等原则。具体如下：

（1）资源分配均等原则。这一原则主要用于保证同一地区对所有学校和学生实施教育财政预算拨款的公平。此外，为减少区域之间的差异性，教育资源应当从富裕地区流向贫困地区，这是目前各国判断教育资源是否公平的重要标准，也是教育财政公平的最高目标。因此，在高职教育预算拨款制度改革时，要充分考虑这一原则，设计适合各省区实际情况的财政转移支付制度，以保障高职教育的公平目标。

（2）财政中立原则。生均教育财政经费在考虑地方财政供养能力与贫富程度的同时，应当体现中立原则。从这一角度来说，政府财政部门需要进行宏观调控，要减少地区间过大的差异，从制度上保证各区域学生获得均等的教育机会。

（3）向弱势群体倾斜原则。财政资金分配时，对于偏远地区、少数民族、贫困、身心发展障碍等特殊的弱势群体学生给予更多的关注和财政拨款。

（4）成本分担和补偿原则。按高职教育成本分担原则理论，对高职教育阶段的学生收取一定的教育费用，并对部分学生采取资助的政策，以保证高职教育公平。

二、效率原则

按经济学的效率理论，高职教育财政投入的效率是对投入到高职教育领域的财政资金，应当力求以最少的财政投入获得最大的教育回报，那么高职院校应当运用这些财政资金"生产"出更多、更优质的学生，创造更好的社会效益，这才是高职教育财政投入效率的关键。

高职教育的效率，是指高职教育财政资源在现行体制下的有效配置，一方面表现为财政资源在各地区、各高职院校之间的有效配置；另一方面，效率也表现为各地区、各高职院校教育和管理效能的充分发挥。培养的学生的数量和质量，以及人才所带来的经济和社会效益，是高职教育财政投入最重要的成果。但由于人才质量和社会效益的特殊性，其难以量化的特点，导致目前我国缺乏操作性较强的高职教育绩效评价的指标和标准体系，高职教育财政投入的绩效评价成为实践中的难点。

21世纪初，由于高等教育资源的稀缺性，高职教育在很大程度上承担了解决了我国高等教育"上学难"的问题，长期将重点放在高职教育的规模建设方面，忽视了高职教育的质量与效率等问题。

现行高职教育预算拨款存在的不同地区、不同层次高职院校的不平衡性，高职教育财政支出绩效低下等一系列问题，都要求我们必须重视高职教育领域的支出绩效问题，必须考虑如何缩小地区与院校差距、提高财政投入绩效等问题。通过高职教育预算拨款制度的改革和完善，利用机制来合理引导高职教育的质量发展与内涵建设，实现高职教育的跨越式发展。因此，效率原则是高职教育预算拨款制度改革必须遵循的原则。

第四节　推进高职教育预算拨款制度的改革与完善

如前所述，各发达国家普遍将绩效评价作为提高财政拨款支出效率、优化教育资源配置的有效措施；在预算资金的分配上，越来越强调拨款的竞争性、择优性以及效益性，绩效评价结果对科研拨款和专项拨款的影响越来越大。对财政支出进行项目绩效评价和整体绩效评价，并将评价结果与财政拨款挂钩，将逐渐成为未来高职教育预算拨款制度改革的趋势。

高职教育经费拨款的大幅增加，预算拨款制度的不断完善，促进了办学质量的提升，增强了高职教育的社会服务能力，解决了上学难的问题，促进了我国高职教育的快速发展。但现行高职教育预算拨款存在的地区、院校间不平衡等诸多问题，资金分配方式粗糙导致资源配置不合理，投入型拨款机制导致高职缺乏成本意识、绩效意识，预算拨款政策导向不明确，对高职教育内涵建设和质量提升的引导不足，缺乏多元化拨款导向、绩效激励机制和动态调整机制，不利于高职教育的综合改革，不利于我国高职教育的健康发展。

高职教育预算拨款制度是高等教育财政政策的核心内容之一，是支持高职教育事业发展的重要制度安排。我国高职教育正处在综合改革的新阶段，改革的核心已由规模扩张和数量供应转向内涵建设和质量提升，在国家经济新常态和财税体制改革的大背景下，建立适合我国高职改革发展的预算拨款制度成为一项迫切需要解决的问题。研究高职教育预算拨款制度，对建立现代财政制度、提高财政资金使用绩效、提升高职教育质量、促进高职教育科学发展意义重大。

高职教育预算拨款制度是高等教育预算拨款制度的重要组成部分，是教育财政制度的重要内容。预算拨款制度的建立不可能一蹴而就，需要进行制度框架体系的顶层设计，需要各方面的协调沟通与积极配合。

高职教育预算拨款制度，主要包括财政资金来源、资金分配、资金使用绩效三个关键内容。对于高职教育预算制度改革，本书主要从预算拨款资金来源及结构安排、预算拨款运行机制、预算拨款模式三个方面进行分析。

一、预算拨款资金来源及结构安排

高职教育和地方普通本科教育一样，执行的是"分级管理、地方为主、政府统筹、社会参与"的管理体制。因此，我国公办高职教育财政预算资金主要来自各级地方政府，中央财政按各地生均拨款情况及改革绩效等方面给予综合奖补，数据表明中央财政对地方高等教育的奖补更偏重于地方本科教育。以湖北省为例，所属公办本科院校28所，在校生43万人，公办高职院校37所，在校生为33万人。2016年，中央财政分配给湖北省的高职教育综合奖补，即职业教育质量提升计划专项资金(高职院校)为4.93亿元，而分配给湖北省的中央支持地方高校发展专项资金(本科院校)为21.72亿元(含提前下达的本科生生均中央奖补资金和年中追加的支持地方高校发展专项中央资金)，是高职教育综合奖补的4.4倍。可见，有必要加大中央财政对地方高职教育的财政投入，改善高职教育财政资金来源的结构。

二、预算拨款运行机制

(一)引入第三方评估机构，建立三方互动式拨款运行机制

目前我国高职教育财政拨款方式因各地高职院校的预算管理模式和教育管理体制而异，大多数高职院校是由地方教育部门或其他各行业主管部门主管，其预算拨款主要通过预算执行系统直接下达至各主管部门，再通过主管部门转拨到高职院校；另外，也有部分高职院校为各级

政府一级预算单位，其预算拨款主要通过预算执行系统直接下达至各高职院校。

为解决高职教育预算拨款的公平与效率问题，提高拨款核定和下达的透明度，避免政府部门直接到高职院校的拨款模式受人为因素影响过大等缺陷，促进高职院校提高经费使用的效率和效益，提高高职院校教育质量，建议引入这种三方互动式的预算拨款运作机制。

评估机构独立于财政部门、教育管理或其他主管部门，公允地对高职院校使用财政拨款的产出情况和使用效率进行评估，并将评估结果与财政资金的分配挂钩，做到"预算完成有评价，评价结果有反馈，反馈结果有应用"。在这种机制下，将现行政府部门与高职院校双方互动转变为三方互动的运行机制。评估机构应为独立性的第三方机构，以便其公正地行使职权。当然，它也应该受到政府部门和社会的共同监督，保证高职院校财政资金能够得到更加合理的分配和有效的使用，发挥其应有的作用。

在此基础上，各地政府相关部门应着手建立和完善高职教育质量管理及评价机制，通过独立的第三方评价机构对高职院校进行质量评估和绩效评价，通过第三方机构将行业企业、用人单位、教师、学生、家长等各方评价进行结合，建立多方参与的高职院校绩效评价制度。

(二)引入契约理念建立高职教育预算拨款约束机制

现行高职教育"基本支出加项目支出预算"的模式下，预算拨款分配方案确定后，通过预算执行体系下达指标或转拨等方式直接下达，下达时没有考虑绩效因素，拨款过程中契约式理念和约束机制的缺乏，导致很难真正调动高职院校提升质量和资金使用效率的积极性和主动性。高职院校追求的是拨款基数的最大化，至于质量和效益往往被忽视。

因此，高职教育预算拨款机制有必要引入"契约式"管理理念，即在第三方评估机构评估的三方互动模式下，由相关政府部门与高职院校签订目标责任书，明确每年使用各项财政拨款必须实现的目标，将约束机制引入到财政预算拨款制度框架体系。契约式理念的引入和约束机制的建立，不仅可以促使高职院校在使用财政经费的同时，关注学校对国家有关政策的执行情况，更加关注财政资金的使用绩效，而且可以促进第三方评估机构根据合同约定对高职院校使用财政拨款的绩效进行独立评估，相关政府部门根据绩效评估结果核定高职院校的预算拨款额度。

三、构建"1+3"高职教育预算拨款模式

如前所述，此轮中央高校预算拨款制度的改革，建立了"1+6"的中央高校预算拨款模式。中央高校预算拨款模式的改革主要集中在两个方面：一是完善基本支出体系，逐步建立中央高校本科生生均定额拨款总额相对稳定机制，完善研究生生均定额拨款制度，并将奖助经费改列基本支出。二是构建项目支出体系，包括改善基本办学条件专项、教育教学改革专项、基本科研业务费、学科建设和特色引导专项、捐赠配比专项、管理改革等绩效拨款六个方面。此次改革调整了管理不够科学合理的项目，归并功能相似的项目，保留了运行良好的项目，将原有的 13 个项目进行优化整合为 6 个项目，形成中央高校"1+6"预算拨款模式基本框架体系。

拨款模式应当建立在高职院校学生培养成本的基础上，需要引进多个政策参数或因子，拨款模式应起到导向性的作用。从整体框架上考虑，高职院校预算拨款模式可以参考中央高校预算拨款模式的整体框架，结合高职教育现行预算拨款模式的特点，进行顶层设计，构建科学规范、公平公正、导向清晰、讲求绩效的高职教育预算拨款制度，支持学科建设，引导订单式培养和特色办学，促进高职院校提高办学质量，加强内涵建立。

借鉴国外先进经验，结合当前实际，我国高职教育可采用"基本支出加项目支出"的拨款模式，改变以往基本以学生数为唯一参数的弊端，引进了生师比、专业办学成本等参数，使基本拨款更趋合理和

公平。

(一)调整基本支出内容，建立相对稳定的生均拨款制度

以当前在校生数、专业结构、各专业办学成本为基础进行生均拨款的分配，并将学生奖助学金、基础性教科研业务费(不含竞争性科教研课题经费等)纳入基本支出体系，用于保障高职院校日常教育教学、基础教研等日常运转。

建立相对稳定的生均拨款制度，并不意味着平均主义，我们必须按照中央所提出的供给侧结构性改革的要求，通过机制调整对高职院校的财政投入方式，破除平均主义，打掉"大锅饭"的分配方法。

在生均拨款专业系数的调节上，体现财政投入精准发力。在以往的预算拨款制度设计中，一般仅仅考虑了分学科、分专业的办学成本，比如会计专业调节系数为1.25，医学类专业调节系数为2.5，在分配财政资金时，所有学校的会计专业的调节系数均为1.25，没有考虑到各个学校的办学水平和质量。例如，中南财经政法大学和华中农业大学的会计专业，办学质量肯定不一样，两所大学侧重点不一样，对会计专业的投入水平不一样，导致两者在会计专业师资、办学条件等方面也存在较大差异，两者在会计专业上的办学成本也不一样，因此财政资金分配时所采用的专业调节系数可以有所区别。

关于这一点，笔者认为，在财政资金分配时可以先按专业大类设置专业调节系数，在一般专业调节系数的基础上，再专门设置品牌专业、特色专业或重点学科等调整系数，通过建立机制来补偿这些专业在办学成本上的投入，也能够在一定程度上鼓励和引导高职院校积极进行"双一流"的建设，引导高职院校品牌专业、特色专业的建设。

(二)构建项目支出体系

大多数省市区的高职教育，目前还处于努力达到12 000元的基本生均拨款标准的阶段，许多地方政府还无暇顾及高职教育的项目支出体系

的设计。高职教育项目支出体系，主要用于支持高职中长期发展的软、硬件建设，体现国家高职发展战略与改革目标等政策导向。

按照财政部、教育部《关于建立完善以改革和绩效为导向的生均拨款制度加快发展现代高职教育的意见》和关于印发《现代职业教育质量提升计划专项资金管理办法》的通知文件精神，考虑到我国高职教育改革发展的需要，可将项目支出体系设计为改善基本办学条件专项资金、改革绩效综合奖补专项资金、捐赠配比专项资金三个部分。

1. 基本办学条件专项资金

考虑到高职院校基本办学条件参差不齐的现状，建议首先设置基本办学条件专项资金，用于高职院校大型维修改造、仪器设备购置、建设项目的辅助设施和配套工程等方面，根据办学条件等因素分配，实行项目管理方式。

2. 改革绩效综合奖补专项资金

引导高职院校深化改革，鼓励高职院校参与到"双一流"建设，加大学科建设力度，加强管理，自觉提高财政资金使用绩效。主要根据管理改革等相关因素分配，由各高职院校按照规定统筹用于学科建设、人才队伍建设、工学结合、校企合作、教育教学模式改革、创新创业教育等方面，主要根据学科建设、办学特色、人才培养等改革或管理绩效等因素分配，改革绩效综合奖补专项资金以"后补助方式"进行奖补。

3. 捐赠收入财政配比专项资金

为引导和激励高职院校积极拓宽办学资金来源渠道，完善多元化筹资机制，各地应建立高校捐赠收入财政配比制度，制定高校捐赠收入财政配比资金管理办法，将高职院校纳入捐赠收入财政配比范围，按照所规定的配比政策核定各校捐赠收入财政配比额度，由各高职院校按照规定统筹使用。

四、建立高职教育预算拨款的绩效机制

(一)预算拨款绩效机制的作用

从发达国家经验来看，美国、澳大利亚、英国等国已经建立不同程度、不同形式的财政拨款绩效管理制度，大幅提高了财政支出绩效，起到了良好的示范作用。近年来，美国十分重视对高等学校的拨款经费的绩效评价，各州也形成了各具特点的拨款经费考评体系，如田纳西州设立了学生满意度、毕业生质量、学术水平评价、规划与协作四个考评指标，肯塔基州在教学质量、科研水平、机会均等、学习和改进等方面设立了25个考评指标，取得了很好的效果，成为美国其他各州实施绩效拨款考评的代表。而英国科研拨款是最典型的将质量评价结果直接与拨款数额挂钩的一种绩效拨款模式，通过考评活动将高等学校的科研质量划分为不同等级，每个等级对应不同的拨款数额，英国高等教育基金会评估的结果为其进行科研拨款决策提供了直接的参考依据。在澳大利亚，绩效拨款模式越来越受到重视，但由于科研成果相对容易测评，投入和产出的效率便于计算和比较，因此其绩效拨款也主要用于科研拨款。

纵观各国高等教育财政拨款模式的发展，虽然各具特色，但有其共同的变化趋势，一是更加注重拨款的透明和公平，二是在以往单一的投入型拨款模式中，引入了绩效(产出)拨款模式。

绩效拨款通过利用一组利益相关各方接受的绩效指标来实现一系列目标，旨在更合理地分配资源，增强财政拨款的客观性和公正性，将资源的分配与资金应用的产出联系起来，理论上更有利于提高财政支出的效率。在这种模式下，包括高职院校在内的财政经费使用部门或单位为了获得更多的资源，会努力提高资金使用绩效，而政府根据财政支出绩效的评价结果将更多的财政经费分配给绩效较好的高职院校，从而提高

整个国家的高职教育财政资金的使用效率，形成高职教育财政投入的良性循环，促进高职教育发展战略目标的实现。同时也有助于增强高职院校的社会责任感，克服学校发展过程中的短视等现象，更好地协调短期目标与中长期发展目标。预算拨款的绩效机制，不仅仅是一种财政资金分配的方法，更是一种政策工具，通过绩效拨款机制体现国家高职教育发展战略和政策导向。

随着我国高职教育综合改革的逐步深入和财税体制的改革进程，如何对财政性教育经费实现有效、科学、系统的管理，提高高职教育预算拨款的使用绩效，成为我国高职教育财政所面临的重要课题，预算拨款绩效机制的建立势在必行。绩效拨款制度的设计应该成为我国高职教育预算拨款制度的重要内容。

(二)引入绩效拨款机制的条件

进入 21 世纪以来，随着我国公共财政框架体系的不断改革和完善，公共财政支出的效益问题受到社会各界越来越多的关注，研究人员、财政部门对财政支出绩效评价问题进行了系统的研究，取得了较大的进展，各级财政部门出台了相关文件，并在全国范围内开始进行公共财政支出绩效评价的推广工作。

1. 日趋完善的财政监督机制为开展预算绩效管理创设了环境

随着新一轮财税体制改革的进一步深化，预算制度的不断完善，对高职院校财政支出的监督机制日趋完善，为预算绩效管理提供了较好的环境。随着经济责任审计、政府采购、国库集中收付等各项制度的改革和全面实施，政府对教育资金的监督管理不断强化，为财政及教育等相关部门对高职教育财政支出进行全面绩效评价、建立绩效评价结果应用机制创造了较好的条件。

2. 各地高度重视并积极推进财政预算绩效评价

随着我国预算制度的改革，管理部门已充分认识到预算绩效管理的重要性。2011 年 7 月财政部下发《关于推进预算绩效管理的指导意见》

(财预〔2011〕416 号)，各省区根据文件精神结合各地实际出台了预算绩效管理的实施意见或办法，对预算绩效管理的指导思想、主要原则和内容等方面做出了明确的规定。高职院校作为提供准公共产品的事业单位，属于预算绩效考评的范围。

2012 年以来，各省区在预算制度改革的基础上建立了财政绩效评价相关制度或管理办法，并逐步要求各部门在编制部门预算的同时对项目支出进行绩效管理，编制绩效目标，预算完成后根据绩效目标项目进行绩效评价。近两年，许多省区开始要求部门编制预算时完成整体绩效目标的编制，并进行项目绩效或整体绩效评价，并逐步将绩效评价的结果应用于财政管理，用于核定下年度财政拨款规模，可见预算绩效评价及其结果应用已成为各省预算绩效管理的一项重要内容。

(三)部分引入绩效拨款机制

近几年的财税体制改革及相关配套制度的完善为高职教育引入绩效拨款创造了一定的条件，但考虑到高职教育支出的相对稳定性以及高职教育财政支出绩效评价的现状，对高职教育实行完全的绩效预算拨款制度条件还不成熟，对高职教育财政支出的绩效考评和质量评估还需要进一步实践、总结和完善。因此，现阶段仅适于对高职教育部分引入绩效拨款，建议各地财政、教育或其他主管部门在根据高职教育发展需要核定本地高职教育经费拨款总额的基础上，将高职教育财政拨款总额的80%左右按照现行模式进行各高职院校预算拨款额度核定及资金下达，20%左右的财政拨款根据改革绩效相关进行分配，具体比例由各地根据实际情况进行动态调整。

近几年，各省区逐步建立了以改革和绩效为导向的生均拨款制度，开展了对财政支出绩效评价的试点工作。随着财政支出绩效评价工作的推进，各地在一定程度和范围内将绩效评价与财政拨款挂钩，强化了绩效评价结果的应用。绩效评价结果在财政资金分配中的初步应用，为部分引入绩效拨款机制，建立新的高职教育预算拨款制度创造了较为有利的条件。

(四)以属地化原则建立适合各地的绩效导向型高职教育预算拨款制度

2014 年，财政部、教育部印发《关于建立完善以改革和绩效为导向的生均拨款制度加快发展现代高职教育的意见》(财教〔2014〕352 号)，明确规定 2017 年各地高职生均拨款不低于12 000 元。2016 年，财政部、教育部对《现代职业教育质量提升计划专项资金管理办法》重新修订，将高职生均拨款中央奖补资金设定为拨款标准奖补、改革绩效奖补两部分。2017 年以前，对生均拨款标准已达到12 000 元且以后年度不低于12 000 元的省份给予拨款标准奖补并稳定支持；改革绩效奖补则根据中央财力状况和各地高职教育改革进展情况等因素确定，明确提出 2018年各地生均财政拨款水平均不低于12 000 元时，将进一步加大改革绩效奖补力度；同时，管理办法中将基础因素、投入因素、管理创新因素作为一级指标，将订单班毕业生比重、双师教师比重、专业设置与产业契合度等多项绩效指标作为资金分配的二级指标。

2015 年 12 月 31 日前，各省区均已按中央要求制定以改革和绩效为导向的生均拨款制度，目前许多省区正在加紧研究和制定本省的职业教育质量提升计划专项资金管理办法，湖北省已修订出台相应管理办法。新的资金管理办法只是对职业教育质量提升专项资金进行了规范，部分引入了绩效拨款机制。按照现行财政体制，考虑到我国高职教育"分级管理、地方为主、政府统筹、社会参与"的管理体制，需要中央引导各省区、地市州两级政府建立和完善高职教育预算拨款制度框架体系，督促各级地方政府加大对高职教育的财政投入，引导和支持高职院校全面提升教育教学质量，加强学科发展和特色办学，推进产教融合和校企合作，为创新驱动发展、城镇化发展等国家战略的实施提供高素质专业技术人才。

（五）建立财政支出绩效综合评价指标体系

近些年，各地在预算管理中加强绩效管理，在预算拨款中不同程度地引入了绩效拨款的理念。部分省区在高职教育预算拨款中尝试以学科建设、特色办学、人才培养、教育教学及管理改革等绩效为基础，按因素法分配部分财政资金，对地方政府、各主管部门及高职院校均起到了良好的促进和引导作用。

在预算拨款制度中，引入绩效拨款机制，须以完善的绩效评价机制为基础。制定绩效评价的具体指标和衡量标准是实现预算拨款绩效管理机制的起点。各地应当以国家对高职教育发展战略目标和质量控制的重点为出发点，建立高职教育绩效管理的综合评价指标体系，评价财政资金的使用绩效，考核并分析高职教育的投入产出情况，并逐步将绩效评价结果应用到预算管理。

这里所说的绩效，是指高职院校的产出或者对社会的贡献。高职院校对社会的贡献是综合性的，表现在人才培养、促进科技创新、传承社会文明等多个方面，有些方面比较容易量化，如人才培养、科研成果等，有些方面难以度量，比如文化传承等，要设置对高职院校产出的绩效评价指标，评价一所高职院校对社会的贡献有较大难度。因此，对于绩效指标的设定，梳理高职院校的绩效内容是基础工作。

高职院校绩效指标设置可以从高职院校的基本职能入手进行分析。高职院校最基本的职能是培养人才，主要涉及教学工作，兼顾社会服务等职能。职业教育的社会性、职业性和实践性，决定了高职教育的人才培养要与经济社会的发展的需要相适应，应该具有市场意识，以就业为导向，不仅要向学生传授知识，培养学生正确的人生观、价值观，更需要从应用和职业要求出发，注重实践能力的培养，培养大量具有创新创业精神的高级技能型人才。因此，高职教育财政支出的绩效评价应充分考虑其教育教学、相关职能及特点，科学设置绩效评价指标体系。

建立高职教育绩效评价指标体系，应考虑到学校在教育教学、社会服务等各方面的成果、质量和效益，应将基本办学条件达标情况、实习实训条件改善情况、双师型教师队伍建设情况、社会认可情况、毕业生就业情况、内部质量保证情况、特色发展情况、校企合作发展情况、服务区域发展情况、社会服务情况等多项指标作为绩效评价主要因子，并按照各项因子的重要性赋予相应权数；同时，将这些因子分为多个可量化考核的二级指标，如订单班毕业生占比、毕业生就业率、科研立项及完成指标、技能测试合格率、专业竞赛相关指标等多个指标。通过指标体系的建立和绩效评价的实施，为绩效拨款机制的引入提供技术保证。

（六）建立高职教育绩效评价机制

1. 建立分级式绩效评价机制

按照现行财政体制和分级管理、地方为主的高职教育管理体制，可以考虑建立高职教育分级式绩效评价机制。目前，财政部、教育部重新修订的《现代职业教育质量提升计划专项资金管理办法》已将绩效管理机制引入职业教育质量提升计划中央专项资金的分配中，一是根据各地高职教育财政投入情况进行奖补，二是根据各地高职教育事业改革绩效和教师素质提升计划完成绩效等情况进行奖补，强化了对高职教育中央补助的绩效导向，明确提出 2018 年后要加大绩效奖补部分。各省区也在研究修订新的资金管理办法，目前湖北省已修订出台了该项资金管理办法，引入了绩效机制，制订了湖北省高职院校事业发展绩效考评量化表，对各地市州的高职教育生均拨款情况、教育事业发展等情况进行奖补，强化了高职教育财政资金分配的绩效导向。

中央和省级高职教育财政资金分配的绩效导向明显，但地市州作为高职教育财政投入的主体，在高职教育财政资金的分配、使用和管理方面，财政拨款的绩效导向还不明确，绩效评价还处于起步阶段，绩效评价结果的应用较少。

目前，不少地、市、州高职教育拨款仍沿用按教师人数核定基本人员支出和公用支出的拨款模式，最后综合计算生均财政拨款。因此，各地、市、州应通过制度建设和财政资金分配模式的改进，强化绩效导向，开展绩效评价，并将绩效评价结果应用到预算拨款中，建立以生均拨款为基础的高职教育预算拨款制度，引导本地区高职院校自觉提升教育教学质量，加强学科专业建设和特色办学。

2. 建立绩效评价结果应用机制

在绩效考评的基础上，确定各高职院校优、良、中、差的绩效等次，并根据不同等次核定绩效拨款基数。对绩效评价为"优"、"良"等次的高职院校，按折合学生数及奖补资金总额来核定绩效拨款的生均奖励标准；对于等次为"中"的高职院校，可拨给基本拨款；对于等次为"差"的则可适当扣减基本拨款。核定绩效拨款时，应拉开差距，强化预算拨款制度的引导作用，促进高职院校提高财政资金使用绩效。

面对我国高职教育规模快速扩张和质量提升所带来的资金需求的巨大压力、教育质量和办学水平的参差不齐、学科发展的结构性失衡、专业同质化现象严重等诸多问题，建立高职教育预算拨款的绩效机制显得尤为重要。在以生均综合定额拨款的基本支出框架基础上，强调高职教育财政资金分配和使用的效益性，通过高职教育绩效评价和绩效拨款的方式促进高职院校全面提升教育教学质量，引导高职院校内涵式发展，加强高职教育学科建设和特色办学，更好地服务于社会经济发展。

(七)引入绩效拨款应注意的问题

虽然近年来绩效拨款被越来越多地采用，但财政支出的绩效评价存在一定的难度，相关绩效指标不易把握，比较难以量化，在一定程度上限制了它的应用范围。从我国高等教育财政面临的困境和社会对高校责任、教育财政支出效率的要求来看，值得对高职教育绩效拨款模式进行研究和探讨。

目前，我国财政支出绩效评价还处于起步阶段，政府在部分引入绩效拨款模式时，需要对变量进行严格而科学的定义，否则可能会形成新的财政拨款的公平与效率问题，带来消极影响，不仅不利于提高财政拨款的使用效率，还会给政府相关部门及高校带来工作上的麻烦和不利影响。因此，对于绩效拨款的部分引入，应进行充分调研，确定可行方案，循序渐进地推进绩效拨款的改革。

五、加快高职教育财政预算拨款的立法进程

法律是一种社会行为准则，具有普遍有效性，它以明确的条文指引各级政府、部门、组织及个人什么行为是允许的，什么行为是禁止的。在高职教育财政预算拨款体系中，法律成为不可或缺的一部分。从美国、澳大利亚等发达国家的经验来看，均通过法律的形式对高职教育建立了完善的财政拨款保障机制。美国从 1862 年的《莫雷尔法案》到 1990 年《帕金斯职业应用技术教育法》，逐步形成了联邦政府、州政府和当地政府共同投资的有效体制，高职教育财政拨款立法体系较为完善；澳大利亚专门出台了针对 TAFE 学院的《技术与继续教育资助拨款法》，对高职教育财政拨款进行了明确的规定；芬兰的《多科技术学院法》直接提出了财政拨款方式和绩效管理模式，形成了健全的财政拨款法规体系。完善的法律体系，从制度上保障了发达国家高职教育的快速发展，可借鉴发达国家的经验逐步推进我国高职教育预算拨款的法律制度建设。

高职教育预算拨款制度建设和相关法律的制定，是一个循序渐进的过程，我国可以借鉴发达国家的经验，先以决定、通知、意见、办法等形式解决亟待解决的重点问题，逐步形成高职教育相关的制度体系，最终制定高职教育财政拨款相关法律。高职教育预算拨款法律制度的建立，是一个相对复杂的系统问题，也不可能一蹴而就，因此需要相关各方同心协力，需要国家、地方、高职院校三个层面的全力支持和积极配合，逐步推进。

第七章　结　　论

职业教育成本分担和预算拨款制度的建立和完善，不仅涉及政府或学生个人的投入及分担比例的问题，还涉及整个教育经费的分配问题，关系到我国职业教育发展甚至国家社会经济的未来发展。教育经费投入不足、成本分担不合理、财政支出绩效低下等问题是制约我国高职教育深入发展的重要问题。

本书以我国高职教育成本为研究对象，以职业教育经费统计数据及问卷调查资料为基础，对我国职业教育成本分担现状进行了系统研究。通过实证分析，发现我国职业教育存在教育经费总量投入不足、经费投入结构不合理、教育经费分配失衡等现象。从教育经费投入状况、教育经费个人负担率及家庭支出能力、教育经费弹性系数三个视角分析了我国职业教育成本分担现状，并从实际的角度出发对成本分担和预算拨款制度存在的现实问题产生的原因进行了详细的阐述和分析，认为职业教育的社会认知度不高、相关法律制度和政策不健全、缺乏成熟与完善的财政投入机制、生均财政拨款及学费制定缺乏科学依据、社会捐赠意识缺失与捐赠机制不完善、学校社会服务功能不足等因素是职业教育成本分担问题产生的主要原因。在此基础上，提出完善我国职业教育成本分担机制和预算拨款制度改革的具体对策和建议，包括提高职业教育认知度、相关制度改革、科学测算生均标准成本、建立适合我国国情的职业教育成本分担机制的具体措施。此外，对改革教育投入及经费平衡机制、生均成本的测算等问题进行了深入阐述，提出了可供参考的具体实施方法与思路。

本研究的创新之处，主要在于以下四个方面：

（1）以2005年以来的职业教育经费统计数据及问卷调查资料为基础，从教育经费投入量及结构、在校生源结构、学费负担率、城乡居民的教育支付能力、教育经费弹性系数等方面进行多角度的实证研究，定量分析职业教育成本分担现状。

（2）提出以科学测算职业教育标准成本基础上，构建以政府作为职业教育成本分担的主要供给者，以企业、家庭及个人作为重要分担者，辅以学费减免、助学贷款、社会捐赠等其他多种形式并存的政府主导型职业教育成本分担机制。将企业这一职业教育的最大受益者纳入职业教育成本分担机制，并提出职业教育成本分担机制的构成要素及构建方法。

（3）对职业教育经费投入进行了系统的横向比较，包括职业教育与普通教育的经费投入、中央与地方办职业教育经费投入、不同地区的职业教育经费投入的比较，也包括职业教育经费与全国教育经费和GDP的横向比较。通过这种多层次、多角度的比较研究，更加全面地反映了我国职业教育经费投入及成本分担现状，分析我国高职教育预算拨款制度现状及存在的问题和主要原因。

（4）在上述研究的基础上，提出在高职教育标准成本的基础上改革高职教育预算拨款制度的思路，打破现有基本拨款与项目支出的界线，部分引入绩效拨款机制，建立"1+3"的拨款模式。

当然，这项研究也有其局限与不足。首先，以生均标准成本确定学费标准，与目前大多数职业院校条件与质量现状存在一定差距。其次，到目前为止，2013年、2015年、2016年的《中国教育经费统计年鉴》还未出版，因此所收集的教育经费及相关数据还不能完整获取，而2012年之后正好是我国大力发展职业教育、加大财政教育投入力度的几年，现有统计数据还不能反映最完整、最新的情况。

在本书中，还有一些问题仍需进一步的研究，如生均标准成本的动态调整机制等问题。而本研究也存在一些不完善的地方，恳请各位专家学者和教育界、经济界同仁赐教。

附录一　职业教育在校生家庭收入 与教育支出调查问卷

尊敬的学生及家长：

　　您好！我们是职业教育成本分担机制研究/高职教育预算拨款制度研究小组，我们正在进行一项关于家庭收入、教育支出及学费测算的研究。我们想耽误您一点时间了解您的一些基本情况，希望能得到您的支持。这次调查不记名，也不会涉及您的隐私，所有的资料只用于科学研究，并按照相关法律严格保密，请您放心。谢谢您的合作！

一、基本情况

(1)您的性别：_____。

　　1. 男　　　　　　　2. 女

(2)您的住址：_____。

　　1. 农村　　　　　　2. 城镇

(3)您的专业类别：_____。

　　1. 普通文理科　　2. 工科　　　3. 医学　　　　4. 艺术类

(4)家长文化程度：_____。

　　1. 小学及以下　　2. 初中　　　3. 高中、中专　4. 大学及以上

二、家庭子女教育情况

(5) 您家有_____个孩子正在上学?_____。

    1. 1 个   2. 2 个   3. 3 个及以上

(6) 您对高职期间的学历教育规划为:_____。

    1. 大专毕业   2. 套读自考本科等学历

(7) 您目前选择了成教或自考本科学历教育吗?_____。

    1. 是   2. 否

(8) 您目前未选择成教或自考本科学习的原因为:_____。

    1. 经济原因   2. 其他原因

(9) 您认为自己接受高职教育:_____。

    1. 很有用   2. 有用   3. 比较有用   4. 几乎没用

(10) 您认为家庭教育投资是为了:_____。

    1. 提高孩子自身文化素质

    2. 找个好工作,改善生活水平,提高社会地位

    3. 只是觉得有用,没有特别的目的

三、家庭收入、消费情况

(11) 您家里收入稳定吗?_____。

    1. 稳定   2. 不稳定

(12) 您家里有几个人有工作收入?_____。

    1. 1 个   2. 2 个   3. 3 个及以上

(13) 您的家庭年收入是多少?

    1. 10 000元以下   2. 10 000~20 000元

    3. 20 000~30 000元   4. 30 000~50 000元

    5. 50 000~80 000元   6. 80 000元以上

(14)家庭主要收入来源：_____。

    1. 务农　　　　　　　　　2. 外出务工

    3. 固定工资性收入　　　　4. 经商收入

(15)家庭支出情况排序：_____(各支出项目从多到少依次排列)。

    1. 衣食住行　　　2. 医疗　　　3. 教育

(16)您认为自己家庭经济情况怎样？

    1. 贫困　　　　2. 温饱状态　　3. 小康水平　　4. 富裕充足

四、家庭教育支出情况

(17) 您一年的教育总支出(含学杂费、生活费、其他费用)
为：_____。

    1. 100 00元以下　　　　　2. 100 00~20 000元

    3. 200 00~30 000元　　　4. 300 00~40 000元

    5. 400 00元以上

(18) 您每年用于正常学杂费(包括学费、住宿)的支出大约
为：_____。

    1. 5 000~6 000元　　　　2. 6 000~7 000元

    3. 7 000~8 000元　　　　4. 8 000~10 000元

    5. 100 00元以上

(19)您每年(按 10 个月在校期计算)用于正常生活费的总支出大约
为：_____。

    1. 6 000元以下　　　　　2. 6 000~8 000元

    3. 8 000~10 000元　　　4. 10 000~12 000元

    5. 12 000~15 000元　　　6. 15 000元以上

(20)您家里学杂费负担情况：_____。

    1. 负担很重，不能支付，需借款读书

    2. 能支付学费，但占家里收入的比例大

3. 能支付学费，占家里收入比例小

(21)您上学的总支出占家庭总收入的比例为：_____。

    1. 10%以下　　2. 10%~30%　　3. 30%~50%　　4. 50%~70%

    5. 70%以上

(22)您家庭的各项教育支出排序_____(选重要的 3 个，支出最多的排最前)。

    1. 购买报纸杂志、辅导资料等书籍

    2. 参加各种辅导班

    3. 学杂费

    4. 文具等学习用品

    5. 购买关于学习的电子产品，如电脑、电子词典等

    6. 矫正视力及购买各种保健品费

(23)您是否参加关于学习或兴趣特长的培训班：_____。

    1. 从不参加　　2. 偶尔参加　　3. 经常参加

(24)若参加，每年在这方面的支出为：_____。

    1. 100~500 元　　　　　　　2. 500~1 500 元

    3. 1 500~2 500 元　　　　　　4. 2 500 元以上

(25)政府对教育的投资(如助学金、大学生助学贷款等)情况你了解程度为：_____。

    1. 很清楚　　　　2. 了解一些　　3. 完全不知道

(26)您享受到以下哪些高校教育资助方式?

    1. 助学金　　　　2. 奖学金　　　3. 大学生生活补贴

    4. 大学生助学贷款

(27)国家教育资助政策对您的家庭经济负担的减轻程度如何?

    1. 很大　　　　　2. 一般　　　　3. 很小

    4. 几乎没有影响

(28)您办理国家助学贷款吗?

    1. 有　　　　　　2. 没有

（29）您在学校有做兼职吗？

　　1. 有　　　　　　2. 没有

（30）您做兼职的目的是什么？

　　1. 补贴家用　　　2. 增加社会经验　　3. 其他

再次感谢您的参与！

附录二 高职教育经费投入现状分析与对策研究

——基于高职与本科院校经费投入的差异分析

随着内涵建设逐步深入，高职教育经费投入逐年增长，但我国高职教育经费捉襟见肘。附录二主要从高职与本科院校生均经费及经费投入结构入手，分析高职教育经费投入现状。2005—2010 年我国高职教育经费年均增长率为 23.19%，比全国教育经费年均增长率高出近 5 个百分点，比同期 GDP 年均增长率高出 6.44 个百分点。这一期间，我国高职教育财政性经费增长率为 32.89%，比同期全国财政收入和财政性教育经费的年均增长率分别高出 11.59 和 9.65 个百分点。数据显示，国家对高职教育的财政投入快速增长，但我国高职教育基础差，加上在校生大幅增加，生均教育资源严重不足。

一、高职院校与普通本科院校教育经费投入的差异

(一)教育经费投入结构的差异较大

1. 财政性教育经费与事业收入所占比例

财政性教育经费、事业收入是我国高校的两项主要经费来源。随着国家对高等教育投入的增加，财政性经费所占比重不断提高，事业收入所占比重呈下降趋势。不同的是，本科院校财政教育经费是其最主要的经费来源，2010 年其所占比重为 54.21%，事业收入仅占 38.62%；而

高职院校的收入中，事业收入是最主要的收入，2010 年其所占比重为 47.5%，其财政教育经费所占比例仅为 46.8%。学杂费是高等教育事业收入的重要组成部分，其比例高低可反映学生及家庭对教育成本的分担情况及学费负担。附表 2-1 数据显示，高职与本科学杂费所占比重差别较大。2010 年，本科学杂费占其总收入比例为 27.89%，而高职学杂费所占比例高达 41.5%，这与高职院校获得的财政性教育经费、其他来源教育经费较少存在必然联系。

附表 2-1   高职院校与本科院校各项经费投入结构对比表

| 年份 | 财政性经费 | | 事业收入 | | | | 民办举办者投入 | | 捐赠 | | 其他收入 | |
| | | | | | #学杂费 | | | | | | | |
	本科院校	高职院校	本科院校	高职院校	本科院校	高职院校	本科院校	高职院校	本科院校	高职院校	本科院校	高职院校
2005	44.6%	32.0%	42.3%	47.5%	29.6%	39.7%	5.5%	16.3%	0.9%	0.3%	20.7%	3.9%
2006	45.0%	32.2%	40.7%	46.2%	27.3%	38.7%	6.1%	17.2%	0.8%	0.2%	7.5%	4.2%
2007	45.5%	36.8%	44.8%	56.1%	30.7%	47.8%	0.8%	1.3%	0.8%	0.4%	8.1%	5.5%
2008	49.0%	41.7%	42.6%	51.5%	31.0%	45.1%	1.6%	0.8%	0.8%	0.3%	7.2%	4.9%
2009	50.2%	43.1%	41.8%	50.4%	30.6%	43.7%	0.4%	1.9%	0.6%	0.3%	7.1%	4.3%
2010	54.2%	46.8%	38.6%	47.5%	27.9%	41.5%	0.3%	1.4%	0.6%	0.3%	6.3%	4.1%

2. 民办学校举办者投入、捐赠社会及其他收入所占比例

如附表 2-1 所示，高职院校在捐赠及其他收入方面所占比重都大大低于本科，这说明我国捐赠主体更愿意投入传统的精英教育。而在民办学校举办者投入方面，高职院校所占比重高于本科院校，这与国家鼓励发展民办高职高专教育的政策相一致。

(二)高等教育内部财政教育经费分配失衡

近几年，我国政府对高等教育的财政投入逐年增长，但其总量与本

科院校相差甚远,财政投入在高等教育内部的分配失衡。虽然随着政府对高职教育投入力度加大,两者在财政性教育经费的分配格局上发生了一定变化,但不平衡现象依然严重。到 2010 年,高职院校在校生数为966 万,占当年普通高校在校生数的 43%,投入到高职院校的财政经费仅为高等教育财政经费的 16.9%,仅为全国财政性教育经费总量的3.35%。同期投入本科院校的财政性经费为当年普通高等教育财政性经费的 83.1%,占全国财政性教育经费的比例高达 16.43%。

(三)生均教育经费的差异巨大

1. 生均教育经费收入相差数倍

高职与本科院校财政性经费不仅总量差别很大,且生均教育经费也存在巨大差距(生均指标计算采用的在校生数包括各在校研究生数)。从附表 2-2 可以看出,本科院校各项生均教育经费投入远高于高职院校。例如,2005 年本科院校生均教育经费投入是高职院校生均投入的

附表 2-2　**2005—2010 年高职与本科院校生均教育经费收入**（单位：元）

年份	生均教育经费			生均财政教育经费			生均预算内教育事业费拨款			生均学杂费		
	本科院校 (1)	高职院校 (2)	$\frac{(1)}{(2)}$	本科院校 (3)	高职院校 (3)	$\frac{(3)}{(4)}$	本科院校 (5)	高职院校 (6)	$\frac{(5)}{(6)}$	本科院校 (7)	高职院校 (8)	$\frac{(7)}{(8)}$
2005	23 144	5 197	4.5	10 323	1 664	6.2	9 939	1 547	6.4	6 845	2 066	3.3
2006	23 355	6 148	3.8	10 506	1 981	5.3	10 131	1 820	5.6	6 369	2 381	2.7
2007	26 378	7 339	3.6	12 000	2 700	4.4	8 807	2·133	5.0	8 092	3 509	2.3
2008	27 766	8 756	3.2	13 596	3 654	3.7	9 931	2 743	4.2	8 604	3 951	2.2
2009	28 322	9 547	3.0	14 203	4 115	3.5	10 467	3 138	3.9	8 656	4 169	2.1
2010	31 454	10 883	2.9	17 050	5 088	3.4	11 989	3 823	3.6	8 773	4 512	1.9

4.5倍，相差17 947元/生，附图2-1更加形象地说明了这种巨大差异；两者在财政性经费投入上的差异更为突出，2005年本科院校生均财政经费是高职院校的6.2倍，相差8 659元/生。2010年，本科院校生均教育经费仍为高职院校的2.9倍，相差20 571元/生，而本科院校生均财政经费是高职院校的3.4倍。

　　预算内教育事业费拨款是直接用于教育事业的经费，不含科研、基建等拨款，反映各级政府对教育事业日常运行的投入力度。分析发现，高职与本科院校的生均预算内教育事业费拨款差距更大。2005年两者生均预算拨款之比为6.4倍，这一相对差距虽逐年缩小，2010年两者生均预算拨款之比仍高达3.6倍，绝对差额却逐年扩大。加上科研、基建拨款及其他财政性经费，2010年两者财政性教育经费的绝对差额已上升到11 962元。

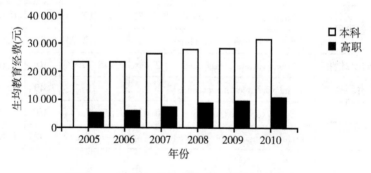

附图2-1　本科与高职院校生均教育经费比较图

2. 生均教育经费实际支出的比较

　　据统计数据，2005—2010年各年份高职教育生均经费支出均远低于本科院校，平均约占本科院校的50%。以2009年为例，高职与本科院校生均经费实际支出分别为11 937元和21 270元，其中预算内经费占总支出的比例分别为49.7%和45.3%，特别是中央部门高职院校的预算内经费仅占总数的31.8%。

3. 本科与高职院校生均教育经费差异显著

为进一步研究两者差异，本文利用 SPSS18.0 对以上数据进行了分析，具体数据见附表 2-3。通过 F 检验，其 Sig. 值均大于 0.05，因此认为两者的方差不相等。在方差不等的情况下，选取校正 t 检验，其 Sig.（2-tailed）为 0.000，远小于 0.05，可见两者在生均财政性教育经费、学杂费等各项指标方面均存在显著差异，该差异具有统计学意义。由以上数据分析可以看出，本科与高职生均教育经费存在巨大差异，这种差异已严重影响到我国高等教育的协调发展。

附表 2-3　　本科与高职院校生均教育经费的差异性检验

Levene's Test for Equality of Variances		F	Sig.	t	df	Sig.(2-tailed)
				t-test for Equality of Means		
生均教育经费	Equal variances assumed	0.757	0.405	12.001	10	0.000
	Equal variances not assumed			12.001	8.782	0.000
生均财政性教育经费	Equal variances assumed	2.496	0.145	8.309	10	0.000
	Equal variances not assumed			8.309	7.494	0.000
生均学杂费	Equal variances assumed	0.038	0.850	7.617	10	0.000
	Equal variances not assumed			7.617	9.987	0.000

二、缩小财政投入差距，促进教育公平

目前，高职教育已占我国高等教育的半壁江山，政府对高职教育财政投入远远跟不上高职教育的发展速度。如前所述，财政性经费和事业收入是高职教育的主要经费来源，两者此增彼减。高职与本科院校在生均教育经费及经费投入结构上差距巨大，两者财政性教育经费分配失衡，受教育者所享受的生均教育资源差别巨大。根据教育公平原则，高

职院校学生至少应与本科学生享受同等教育资源，两者生均经费应处于同等水平。坚持教育资源公平分配原则是缩小高职与本科投入差距，促进教育公平的必然选择。各级政府应按法律要求、按经济发展要求、按职业教育发展需要进行高职教育投入，保障高职教育获得足够的教育经费。

（一）从战略高度认识高职教育投入的重要性

从现实来看，高职教育是我国教育发展的薄弱环节，不适应社会发展的需要。许多地方政府对职业教育不够重视，而地方政府是我国高职教育财政投入的主要力量，社会认同度不高是造成我国高职教育财政投入严重不足的深层次原因。国家应加大宣传力度，完善岗位准入制、学历学位制等相关制度，提高社会认同度。各级政府要从现代化建设、小康社会建设的大局出发，深刻认识职业教育投入的重要性，将其作为事关国力强弱、民族兴衰的基础性投资。

（二）完善相关法律与制度建设，保证高职教育经费投入

为保障高职教育经费投入，必须加快立法理顺政府间财政关系，制定高职教育经费保障方面的法律法规，加快教育体制改革，提高经费使用效率。通过立法，确定各级政府财政关系的基本框架，界定各级政府教育投入的职责及比例；规定高职教育经费的来源、筹措、分配、使用、管理与监督。使财政拨款成为高职教育经费主要来源，保证高职教育与普通高等本科教育生均财政拨款水平相当。同时，加快人事改革，调整学校、专业布局，合理配置资源；加强财务管理与绩效考核，减少经费使用中的漏洞和浪费，提高使用效率。

（三）改革财政投入机制，加大高职教育财政投入力度

1. 科学制定生均拨款标准，改进财政拨款与管理制度

制定高职教育生均拨款标准，是保证财政投入促进教育公平的前

提。高职教育生均经费达到本科教育标准，不失为一种教育公平理念的回归。由于普遍存在资源短缺，高职教育成本的统计数据无法真实反映其正常成本；加上统计方法、口径不尽一致，现有统计数据难以作为生均标准成本的直接依据。第一，采用权责发生制界定成本项目，以高职院校教学水平评价体系为基本依据，测算在教学质量达到基本要求的条件下，在现有物价水平和既定政策下的生均标准成本；第二，根据专业性质与特点测算生均培养成本差异，确定专业折算系数；第三，确定全国统一的生均拨款最低标准，各省区结合经济发展状况确定本省高职教育财政拨款标准；第四，建立"基本支出+项目支出+基本科研业务支出+绩效支出"的具有动态调节功能的新型拨款制度，并建议将地(市、州)高职教育财政拨款管理权纳入省级政府。

2. 引入财政投入考评与监督制度

我国高职教育教育经费投入严重不足，与地方高职教育投入缺乏考评、监督和法律的硬性约束直接相关。一是建立地方政府财政投入的考核评价与奖惩机制，引入生均教育经费指数考核地方政府的高职教育投入情况。二是发挥宪法赋予人民的重要权利，加强人大对政府投入的监督，建立公众参与教育拨款预算的制定与执行制度。

3. 加大财政投入力度

虽然高职教育的投入呈现出明显的多元化趋势，但政府仍然应承担着主导作用，在当前高职教育基础薄弱的环境下财政投入显得尤为重要，需要从以下五个方面加大财政投入：

(1)逐步提高各省区财政教育经费在国民生产总值中的比例；

(2)提高高职财政教育经费在国家财政教育经费中的份额；

(3)提高高职教育经费总投入中财政拨款所占份额；

(4)改革教育税费制度，增加用于高职教育的财政经费；

(5)提高财政性教育经费的增长速度，以满足高职教育发展的需要。

总之，我国高职教育财政投入与普通本科院校相比差距明显，与其规模发展和内涵建设的需要不相适应，其成因主要为社会认同度不高，地方政府重视程度不够。因此，必须提高社会认同度，科学制定生均拨款标准，改革高职教育财政拨款制度，完善财政投入评价与监督机制，至少保证其财政投入与普通本科教育水平相当，促进教育公平。

附录三　科学制定学费标准，促进高职教育公平

在规模及质量的双重压力下，职业教育的学费水平也持续上涨，这些问题引起了广大民众的普遍担忧，学费问题成为一个敏感而又复杂的问题。学费政策包括学费标准、减免政策、奖助学金等资助政策。学费政策受到成本、供求关系、学校级别、政府拨款、居民支出能力等因素的影响。政府应以生均教育成本为依据，考虑其他因素，科学制定高职教育学费政策。

一、高职教育学费现状

据 2005—2010 年统计资料，我国高职教育经费逐年增长。其中，生均学费年均增长 16.9%，人均可支配收入年均增长仅为 12.7%。可见，居民家庭的学费负担明显加重。虽然政府加大了对高职教育的财政投入，依然无法满足高职教育规模发展与内涵建设的需要。

1. 高职生家庭来源与学费负担情况

通过对湖北省几所高职院校抽样调查发现，来自农村生源比例达 72%，县级以下来源的学生高达 86%，这在一定程度上反映了高职生的支付能力有限。参与调查的学生中，认为教育支出负担重的学生比例高达 67%，可见我国高职生个人和家庭的支付能力普遍较弱。

2. 高职学费标准与居民人均收入

许多国家对学费标准与居民人均收入及家庭收入的关系进行了大量

研究，提出了值得参考的比例。资料显示，美国自 20 世纪 60—90 年代初的高职生学(杂)费占国民人均可支配收入的 10% 左右，日本家庭供养一名高职生费用占家庭年收入的 15% 左右；中等收入国家全日制在校生学(杂)费一般占人均可支配收入的 25%~30%，而在低收入国家这一比例超过 50%。根据 2005—2010 年统计数据，对我国高职学费与居民人均收入的比例进行了计算。结果表明，居民家庭的高职学费负担有加大趋势，且城乡差距显著。高职学费占城镇居民人均收入的比率维持在 0.25 以下，而高职学费占农村居民人均收入的比率高达 80%，学费负担较重。

3. 城乡居民家庭对高职教育的支付能力

居民对高职教育的支付能力，不仅要考虑居民的学费支付能力，还应考虑高职生的衣食住行、通信等由个人承担的费用。根据 2012 年居民家庭基本情况与消费性支出数据，计算出不同收入等级的家庭年均收入扣除在校高职生外其他成员的必要年均支出后的净额，表示家庭对高职教育的承受能力，具体见附表 3-1。按 2012 年学费水平及消费水平，假定当年高职在校生平均支出为 20 000 元/年。其中，学费 5 000 元、住宿费 1 200 元、教材及学习资料 500 元、社会培训及考试等费用 300 元、生活费 14 000 元(全年餐饮、服装、交通费、通信费等)。按照这一数据与支付能力数据对比，10% 左右的城镇家庭和 80% 的农村家庭高职教育

附表 3-1　**2012年分等级城乡居民家庭高职教育支付能力计算表**（单位：元）

项目	全国平均	最低收入户 10%	较低收入户 10%	中等偏下户 20%	中等收入户 20%	中等偏上户 20%	高收入户 10%	最高收入户 10%
城镇高职教育支付能力	34 244	7 897	15 431	21 784	29 586	40 213	53 906	95 039
农村高职教育支付能力	13 947	—	-2 578	5 205	10 281	16 498	33 729	—

支付能力明显不足。以 2012 年居民人均纯收入计算，培养一名高职生的总支出相当于一个农民不吃不喝 9 年的纯收入，若考虑必需的基本支出则需要一个农民 27.5 年的收入。若按现在生源结构计算，约 57% 的高职生支付能力不足，负担较重。

二、科学制定学费政策，促进高职教育公平

(一)学费标准的确定

1. 合理界定高职教育的成本项目

科学测算生均教育成本，是合理确定生均拨款及学费标准的基础。采用权责发生制原则，确定高职教育成本项目。高职教育成本是指高职院校在规定学制内为培养每位学生的要素费用的耗费，即高职院校向学生个人提供的高校教育服务成本。包括教学成本、福利成本、资助成本等，固定资产与无形资产的折耗成本应计入教育成本，而非正常教学活动如社会服务与培训支出等相关支出不应计入教育成本。

2. 生均标准成本的测算

由于统计方法、口径不尽一致，生均教育成本的统计数据悬殊较大，加上普遍性的资源短缺，导致统计数据无法真实地反映高职教育的正常成本。高职教育生均培养成本的测算不应仅仅以统计数据为依据，而应以财务决算信息为基础，以高职教学水平评价指标为基本依据，测算在教学质量达到基本要求的条件下的生均标准成本。生均标准成本测算包括人员经费、公用经费、固定资产折旧成本的测算。

(1)人员经费的测算。人员经费可按标准生师比(14∶1)、专任教师人均薪酬(人均按工资 54 000 元/年，养老、医疗成本各占工资的 20%、10%，工伤、生育、失业保险占工资的 2.8%、公积金占工资的 12%)、教辅人员薪酬(人数按专任教师的 30%，平均工资按专任教师 80% 计算)、奖助学成本(按学费 10%)计算，得出人员经费的测算值为

生均7 667元/年。

（2）公用经费的测算。目前，尚无明确的公用经费标准。从历年统计数据看，一般比人员经费高20%左右，本文按公用经费与人员经费按1：1计算。

（3）按国家现行高职教学评估办法规定的生均房屋建筑物面积、教学设备、运动场地、图书册数基本标准，参考现行市价及固定资产使用年限，生均折旧成本标准约为2 447元/年。

按照以上方法，测算出高职生均标准成本约为17 781元/年。需要说明的是，这里只是提出测算思路，这一指标会随着不同时期、不同省份、不同经济水平等条件变化而变化。

3. 确定学费标准

从理论上讲，制定学费标准应以生均教育成本为基础，参考物价水平、居民支付能力、个人的教育收益率等多种因素。按国际惯例，公办学校以年生均教育成本的20%~35%作为年均学费的基本依据。我国规定，高职教育的年生均学费水平最高不得超过年生均教育成本的25%。依此规定，高职教育现阶段生均学费标准不应超过4 445元/年。

（二）完善学费资助体系及配套措施

由于高职学生主要来自于农村及城镇低收入家庭，支付能力普遍偏低，而现行资助政策下只有少数学生有机会获得资助，不具有普遍性。因此，在奖学金、助学金、贷学金等制度基础上，有必要推行高职教育学费减免政策、家庭税费减免或生活补贴制度，贫困生可同时享受在校生活补助。另外，进行收费制度创新，推行学分制收费，也可在一定程度上缓解高职学生集中缴费的压力。

综上所述，我国高职教育经费投入严重不足，学费政策不尽合理。主要表现为学生负担过重，企业等其他社会力量分担比例较少。为促进教育公平的实现，各级政府必须加大对高职教育的财政投入，强化企业的教育成本分担责任。在科学测算生均标准成本的基础上，合理确定高职学费及资助政策，完善我国高职教育成本分担机制。

参 考 文 献

[1]教育部财务司.中国教育经费统计年鉴[M].北京：中国统计出版社，2006—2014.

[2]中华人民共和国统计局.中国统计年鉴[M].北京：中国统计出版社，2006—2015.

[3]范先佐.教育投资体制改革的理论与实践问题研究[M].武汉：华中师范大学出版社，2003.

[4]王善迈.论高等教育的学费[J].北京师范大学学报(人文社科版)，2000(6)：24.

[5]王贤.我国高职教育经费投入的非衡性研究[J].职业技术教育，2011(22)：40-44.

[6]江林.我国高校教育成本分担与补偿研究[D].成都：电子科技大学，2008.

[7]张敏.普通高校教育成本增长的影响因素与对策研究[D].太原：山西财经大学，2010.

[8]胡伟.基于服务导向的生均培养成本计量研究[D].成都：西南财经大学，2010.

[9]刘莉.高校教育成本的核算及分担[D].成都：西南财经大学，2007.

[10]阎元.我国高等教育财政投入与拨款模式研究[D].南京：东南大学，2006.

［11］王善迈. 社会主义市场经济条件下的教育资源配置［J］. 现代教育管理，1997（5）：12-16.

［12］袁连生. 教育成本计量探讨［J］. 北京师范大学学报，2000（1）：17-22.

［13］张明华. 高职院校教育成本计量问题［J］. 职业技术教育，2007（7）：21-23.

［14］李建平，魏文涛. 高职评估中办学条件指标合理性的探讨［J］. 职业技术教育，2007（7）：43-44.

［15］李凤兰，张俊，曾青霞. 我国高校学费定价中存在的问题及对策探讨［J］. 当代教育论坛，2009（12）：34-36.

［16］杨晓波. 美国联邦政府的高等教育政策［J］. 外国教育研究，2003（10）：31-36.

［17］王同孝，金发起. 普通高校学费模型的建立与预测［J］. 财会通讯·综合（中），2009（5）：55-56.

［18］赵鑫. 澳大利亚发展职业教育的成功经验与启示［J］. 邢台职业技术学院学报，2006（2）：26.

［19］黄日强，邓志军. 论澳大利亚的高职教育特色［J］. 三门峡职业技术学院学报（综合版），2006（1）：7.

［20］黄日强. 澳大利亚职业教育的经费［J］. 外国教育研究，2004（9）：62-63.

［21］黄日强，何小明. 澳大利亚在发展职业教育中的作用［J］. 黄河水利职业技术学院学报，2006（2）：70.

［22］Schultz. T. W. The Economic Value of Education [M]. New York Columbia University Press，1963.

［23］D. B. Jonestone. The Economics and Politics of Cost Sharing in Higher Education：Comparative Perspectives. Economics of Education Review. 2004：403-404.

［24］Department of Employment ，Education ，Training and youth affairs

(DEET YA) Annual report(1996-1997) [R] . Canberra: Aust ralian Government Publishing Service, 1997.

[25] Department of Industry , Innovation, Science, Research and Tertiary Education. Australian Vocational Education and Training Statistics: Financial Information 2011[M] . Adelaide: NCVER, 2012.

[26] TAFE NSW Sydney Institute. Report 2011 [R]. Sydney: Sydney Institute Annual Report and Publications, 2012.

[27] The Finnish National Board of Education. Finland VET in Europe-Country Report 2011 [R]. Thessaloniki: Eumpean Centre for the Development of Vocational Training, 2012.

[28] Thomas D. Snyder, Sally A. Dillow. Digest of Education Statistics (NCES), Education Statistics 2011[M]. Washington: National Center for Education Statistics (NCES), 2012.